の
「お金」の悩みには
すでに誰かが
答えを出している

小山信康

マイナビ新書

はじめに

世の中の誰もが〝お金〟で悩んだ経験を持っているはずで、現在も悩みを抱えているはずです。

思うように貯金が増えないなんていうのは序の口で、結婚を考えれば結婚式や指輪の費用、子どもが生まれれば教育資金、子どもの成長とともに家を買うのか買わないのか、退職後の年金がどのくらいもらえるのかなど、お金の悩みは次から次へとやってきます。

お金自体は誰もが使うものなので、共通の話題として非常に盛り上がることではあります。その場限りの話題として、給料が上がった話や下がった話、ボーナスの支給額や株式投資で儲かった話、ギャンブルで大損したネタなど、お金を絡めれば笑いもとりやすくなります。

とはいえ、**お金の「悩み」に関しては、誰かに簡単に相談することができません。**

「お金で悩んでいる」とちょっと知人に言っただけで、お金にダラシナイ人間とレッテルを貼られそうですし、ひどい場合には頼んでもいないのに「オレは貸す金なんて無いからな」と予防線を張られてしまうかもしれません。

結局、多くの人がお金の悩みについて抜本的な解決策を見つけることなく、ズルズルと今日に至っているのが現状です。

しかし、実は誰にも相談しなくても、お金の悩みを解決することが可能なのです。

そもそも、貝殻をお金として使っていた時代を含めれば、何千年も前からお金は存在します。日本最古の流通貨幣と言われている「和同開珎」が発行されてから数えても、すでに1300年以上が経過しています。

これだけ長い歴史を経ている以上、お金の悩みに関しても同じだけの歴史があり、その歴史が繰り返されています。よって、**過去の歴史をひもとけば、お金の悩みをすでに解決した人たちに巡り会うことが可能**となるのです。

「お金が貯まらない」
「収入を増やしたい」
「将来のお金が不安」

そんな悩みを持っているのはあなただけではありません。もっと前に他の人も悩んでいました。そしてその悩みは彼らによってすでに解決され、私たちは現代を迎えています。

誰にも言えなかったお金の悩み、それをそのまま誰かに打ち明ける必要はありません。**その答えはすでに出ています。歴史上の賢人や現代のカリスマたちが答えを出してくれています。先人たちの知恵を利用して、お金の悩みを解決しましょう。**

お金はよく、「**経済の血液**」と表現されることがあります。お金で悩んでいるということは、血液がドロドロで家計という名の体調が優れない状態を意味します。このとき、食生活や運動によって血液をキレイにすれば、それまで調子が悪かった内臓もスムーズに活動できるようになります。**同様に、お金の悩みをキレイに解決すれば、家族の不和も仕事のストレスも、すべての悩みを和らげることができる**のです。

悩んでいるということは、すなわち解決に向けて動き出していないことも意味しています。悩みながらもとりあえず何かをやっているという人はあまりいません。

それは、解決に向けた行動に、明確な結果（ゴール）がついてくる自信が持てないからです。ゴールが見えないのに走り出す人はいません。つまり、行動するという心理的な費用に対する効果が不確定であるがゆえ、行動そのものにリスクを感じてしまい、結局立ち止まったままになるのです。

しかし、お金に関しては悩み続ける時間が長くなるほどに、解決からますます遠ざかり、その問題はさらに深刻化します。当然、早く解決した人ほど楽になります。

先んずれば人を制すように、**先んずればお金を制す**ことができます。先人たちの知恵を拝借して、一秒でも早く行動しましょう。

すべての「お金」の悩みには
すでに誰かが答えを出している

目次

序　章　お金の悩みを簡単かつスピーディーに解決するには

第1章　どうすれば収入が増えるのか

第2章　なかなか貯金が増えなくて困っている

第3章　どうすれば投資がうまくいくの？

第4章　家を買おうかどうか迷っている

第5章　子どもはかわいいが、教育費が悩ましい

第6章　介護費用や老後のお金が心配

序章

お金の悩みを簡単かつスピーディーに解決するには

お金の悩みは昔も今も同じ

　筆者は、普段〝お金の専門家〟を名乗っています。ファイナンシャルプランナーという職業に就いているため、お金に関する様々な情報を日々集め、それらの情報を基に一人ひとりに適切なアドバイスをしなければなりません。

　アドバイスの情報源は、主に現在の経済情勢だったり、あるいは税制や社会保障制度などになります。現状や社会制度を知っていれば、有効にお金を使い増やすことも可能になります。

　しかし、相談者がそのような明確な情報を求めていないケースも多々あります。**意外と多いのが、漠然としたお金の悩み**です。

「今の仕事と収入でいいのかなぁ」

「なんとなく老後が不安」

「そんなに使っていないけどお金が貯まらない」

……こんなふうに、とりあえず悩んでいる、とにかく悩んでいる、そんな状態です。

これらは最近の傾向というわけではなく、筆者が今の仕事を始めたときから変わらないことで、もっともっと前から、誰もが同じように漠然とした悩みを持ち続けてきたのです。

現実問題として、お金が無ければ家を持つことができません。お金が無ければ、おなかいっぱいご飯を食べることができません。有名な女優やモデルが結婚する相手も、結局のところ、お金持ちばかりです。この傾向は今にはじまったことではないでしょう。

逆にお金が多すぎて悩む人がいるのも、昔から変わりません。スケールを大きくして考えると、もっともっとお金を増やそうと、海外へ侵略し続けた国もあります。相続で揉めてしまい、分裂した国家も数えきれません。

せっかくお金持ちの娘に生まれても、自由に結婚することなど許されず、家族を守るために政略結婚させられるのがあたり前だった時代もあります。

時代が変わっても、お金の悩みには共通点があります。「お金」という存在に歴史がある以上、常にその悩みを解決するために、私たち人間は知恵を働かせてきました。つまり、**今私たちが抱えているお金に対する悩みは、すでに先人たちが経験し、その解決策についても、すでに答えが見出されているものがほとんど**なのです。

私たちはつい、「今と昔は違うからっ!!」と、歴史を軽んじてしまう傾向があります。ただ、結局のところ、歴史は繰り返しているのが現実です。

昨今話題になっているＴＰＰ（環太平洋戦略的経済連携協定）にしても、第２次世界大戦時まで行われていたブロック経済（関税同盟）の一種にすぎないという意見もあります。ここ数年、日本でも問題になっている格差社会などは、それこそ過去の身分制度に比べればよっぽどマシ、と言えるくらいです。

繰り返されてきた歴史や現代社会において、何度も解決されてきたお金の問題について、私たちはこれまで、その答えを見逃し続けてしまいました。

しかし、その答えは確実にあります。その答えを見つけるだけで、悩みを解決することができるのです。

悩みに対する「答え」は出ている

例えば、日本人の多くが抱えている悩みの一つに、

「日本経済は破たんしてしまうのではないだろうか？」

というものがあります。私自身、多くの人から質問を受けます。ただ、これこそ一番簡単な答えが出ています。

「いずれ日本経済は破たんします」

忘れているかもしれませんが、日本はほんの70年前に破たんしています。思い出されたでしょうか？　それは終戦のときです。

ちなみに、約１５０年前には江戸幕府が破たんしています。今は「先進国」だなんて胸を張っていますが、１５０年の間に2回も破たんした国なんです。明治維新から約80年で敗戦を迎え、国家が破たんしたことを考えると、「そろそろ……」なんて単純に考えることだってできます。

実際、日本の国債発行残高、つまり借金が約１０００兆円にも膨らみ、経済大国と

いうより借金大国といった方がふさわしい状態です。ちなみにこの金額は、GDP（国内総生産）の約2倍、国家税収の約20倍の規模に相当します。

もちろん、借金はさらに増えていくと考えられています。個人に当てはめると、年収500万円の人が1億円の借金をしているようなものです。一般的なサラリーマンの収入で1億円もの借金を抱えていたら、

「お前、大丈夫か？」

と上司から心配されるのが普通でしょう。日本はまさにそんな状態なのです。

実質的に、**これまで破たんしたことのない国家などほとんど存在しません。**ヨーロッパのように歴史の長い国々では、王朝の交代などによって、実質的な破たんを繰り返してきました。破たん経験がないのは、せいぜいアメリカくらいのものでしょうか？

しかし、アメリカは国家として成立してから歴史が浅く、最近は〝財政の崖〟という借金問題により、国債破たんの危機を巻き起こしています。

つまり、自分の暮らしている国が破たんしないと考えるのは、そもそも「悩み」というレベルではなく、「幻想」に近いと考えるべきでしょう。

よって、**「破たんするのかどうか？」に悩むのではなく、「破たんする前に何をしておいた方がよいだろうか？」「破たんしたら、どのように行動すべきか？」という方向に悩みを転換させた方が得策**なのです。

お金の悩みは「答え」をカンニングせよ!!

人は悩んだとき、誰もが答えを自力で見つけ出そうと考えます。でも、その答えが思い浮かばないがために、余計にその悩みが深くなってしまいます。

そんなとき、悩みの解決が上手な人ほど、誰かに相談したりします。本を読んだりして答えのヒントを見つけ出そうとします。なぜなら、それが一番手っ取り早い方法だからです。

私たちが抱えている悩みは、ほとんど世界共通のものです。文化や社会の悩みであれば、国ごとの違いが表れるかもしれませんが、「お金」という世界共通の道具の悩みであれば、必ずどこかにその答えがあるはずです。

そして、その答えを愚直に実行するだけで、悩みはすぐに解決します。言い換えれば、**自ら解決法を見出すというのは、コストパフォーマンスならぬタイムパフォーマンス的に最も効率の悪い**方法なのです。すでに誰かが出している答えを盗み出す、**カンニングこそが、お金の悩みを解決する最も効率的な方法**と言えます。

ただし、お金の歴史が長いがゆえに、その答えを探し出すのが難しいという側面もあります。数が多いからこそ、自分に合った答えなのかどうかが分からないといったこともあるでしょう。

現代はライフプランが多様化してきたとも言われています。かつては参考になったかもしれない数年前、数十年前の情報が役に立たないかのような状況です。ところが、日本の経済や社会の状況が変わっても、やっぱりお金の悩みは変わらないのです。好景気に踊ったバブルのころでさえ、みんな家が買えなくて困っていたくらいですから。

特に、好景気を知らない20代の人たちにとっては、不思議な現象に感じるかもしれませんが、不景気だろうと好景気だろうと、私たちはいつだってお金に悩むのです。日本中の誰もがお金に悩み、その悩みの解決策を見逃したまま、結局なんとなく「嫌だなぁ～」と思いながら暮らし続けることになっています。

ところで、みなさんがカンニングをすると仮定して、教科書を持ち込んで机の引き出しに隠したりしますか？　しませんよね。教科書から答えを見つけ出すのに時間がかかっちゃいますから。その前に、カンニング行為そのものが、試験監督にバレてしまいそうですね。

もちろん、やってはいけないことですが、もしカンニングをするのであれば、カンペ（カンニングペーパー）を作っておきますよね。必要な部分の答えだけを抜き出して、一枚の小さな紙にまとめておくわけです。

同様に、お金の悩みに関しても、いちいち歴史や経済学の教科書を持ってきて調べるなんて、時間がかかって面倒すぎる行為と言えるでしょう。

そこで、**筆者がお金の悩みのカンペを作ってみた**のです。まさにそれが、本書です。

さすがに本なので、一枚の紙切れにまとめることはできませんでしたが……。

みなさんも、友人がやっていることを見て、

「あぁ、オレも同じようにしておけばよかったな」

と思った経験があるはずです。**お金ほど、人まねが有効な道具はありません。**難しいとされる株式投資にしても、みんなが買うときに買っておけば、株価は上昇していくはずです。買い時がわからないというのは、単にみんなが買っているときを見逃して、まねするのを忘れているだけに過ぎません。

お金の悩みは、誰かがすでに解決しています。

国内外の経済学者や歴史家、あるいはカリスマ経営者や投資家、文豪や江戸時代の武士たちが答えを出しています。誰もが知っている有名人からあまり知られていなくても専門家から高く評価されている人までいます。その答えをしっかりまねして実行すれば、自分の悩みも解決することができます。

「同じようにしたら、悩む必要がなくなった」

ただ、それだけなのです。

第1章

どうすれば収入が増えるのか

もっと収入が欲しい！

私たちが共通して行っていること、それが「働く」ことです。

労働が国民の三大義務の一つであることは周知のとおりですが、何より働かなくては収入を得ることができません。かといって、ただ働いてお金をもらえればそれで満足というわけにもいきません。働いた分に相当する報酬を、給料やボーナスとして適正に受け取ってはじめて満足することができます。

私たちが常に意識していることは、労働の対価が適正か？ということです。つまり、コストパフォーマンスですね。労働のコストと報酬のリターンのバランスが取れているのかどうかについて、居酒屋でも議論している姿をよく目にするはずです。

収入に不安を覚えてしまう一番の原因は、「今の自分が頑張っている量」と「報酬（給料）の量」が一致していないことにあります。この二つが一致していれば、安心して働くことができますが、どうしてもズレを感じてしまうため、**収入の将来性にも不安になってしまう気持ちを抑えられない**のです。しかし、この二つが一致することは、基本的にありえません。

それはなぜかという問いには、ノーベル経済学賞を受賞したアメリカの経済学者、**ミルトン・フリードマン**が答えを出しています。

20世紀後半で最も世界に影響を与えた経済学者の一人と言われるフリードマンの主な考え方は「自由主義」であり、政府による規制はできるだけ少なくし、自由競争による経済が望ましいとしています。

また、マネタリストの代表格とも言われ、貨幣の供給量によって、景気を調整することができると主張した人物でもあります。これは、アメリカで行われた量的緩和政策や、現在日本銀行が行っている「異次元の金融緩和政策」の理論的根拠になっていると言っても過言ではありません。

金融緩和政策またはその手段の一つである量的緩和政策とは、金利を引き下げたり通貨の供給量を増やしたりすることで景気を刺激しようとする政策のことです。

お金がたくさん供給され、そのお金がたくさん流通するようになれば、企業が設備投資などを行いやすくなるので、経済が活性化し景気が良くなるという考えです。実際、日本銀行の黒田東彦総裁が異次元の金融緩和政策を発表する前後から、日本の株価も大きく上昇することになりました。

ただし、フリードマンは、これらの**金融政策の効果が実体経済に表れるまで、半年から数年程度のタイムラグが発生する**とも言っています。

確かに、異次元の金融緩和政策（正確には量的・質的金融緩和）は平成25年の4月に発表され、日本銀行は着実に貨幣の供給量（マネタリーベース）を増やしているものの、平成26年上半期においても、好景気を実感する人は少数のようです。一部の大企業においては、給料を増やすといったニュースが流れていますが、日本経済全体に波及するにはまだまだ時間がかかりそうです。

このように、何かしらの手段を講じた場合、多くのケースにおいてタイムラグが生じます。特にお金の場合、

①日本銀行が大量に民間金融機関へ貨幣を供給する

②銀行が企業へ融資する
③融資を受けた企業が設備投資をする
④新設備を活用して販売量を増やす
⑤その結果、企業が儲かる
⑥社員の給料やボーナスが増える

といった形で、日本銀行が大量供給したお金が私たち国民一人ひとりの手元にわたるには、様々な関所を通ることになります。

加えて、それぞれの関所において、融資審査や事業コンペなど、数週間や数カ月の時間がかかるのはあたり前のイベントが待っています。金融緩和政策の効果が表れるのに時間がかかるのは当然のことなのです。

同様に、私たちが**収入を増やすために頑張ったことが、給料やボーナスに反映されるまでに、大きなタイムラグが生じてしまう**のは必然です。

昇給とタイムラグの微妙な関係

業績を向上させたとしても、それを上司が評価するまでに時間がかかります。上司も、その業績アップが短期的なものなのか、長期的なものなのかを判断しなくてはなりません。また、さらなる上役を納得させるための準備が必要になります。他部署と調整を図る必要もあるかもしれません。当然、業績が給料に反映されるまでにタイムラグが生じることになります。

ダイエットと同様、何かを頑張ってすぐに成果が表れないと、「本当にうまくいくのかな？」と不安になってしまいます。しかし、代謝を上げるなど、基礎的なダイエットほど効果が表れるのに時間がかかるものの、その一方で効果が長続きます。

給料にしても、私たちが本当に頑張っているからこそ、**結果として表れるのにタイムラグが生じる**のです。

よって、固定給の会社員の人ほど、そのタイムラグを意識して収入の良し悪しを判断すべきなのです。今すぐ給料が上がることよりも、2年後や5年後の給料が上がることを意識して頑張った方が、より持続的な収入増が期待できるとも言えます。

もし、今の給料水準に満足できないのであれば、あらためて2年前や5年前の自分自身を振り返ってみてください。「その当時に誰よりも頑張っていたのに、大して給料が良くない」ということであれば、それこそ会社の給与体系がおかしいと言えるのかもしれません。しかし、「そういえば、大したことをしていなかったなぁ」と思い出される方は、今の給与水準で御の字とも言えるでしょう。


一方で、経営者や管理職の人は、自分たちがいつも通りのタイミングで被雇用者や部下を評価していると、その**タイムラグによって不満を抱かせてしまうことに気づくべき**でしょう。せっかく評価や給料を上げても、

「何で今、給料が上がったのか分からない」

という状態では、せっかくの高評価も感謝されずじまいです。特に最近の若手社員の傾向としては「言われたことはやるけど、言われないことはやらなくても当然」という風潮があり、「物事を察する」ことを苦手としています。評価においても、どの

ような意図を持ってのものなのか、ハッキリ伝えることも必要でしょう。

フリードマンは、**経済情勢の変化を認識することにタイムラグが生じてしまうことも、不景気を生んでしまう原因の一つ**としています。企業においても、タイムラグを埋めることができれば、従業員との間で安定的な雇用関係を維持することができると考えられます。

給料ってどうやって決まるの？

そもそも私たちの給料はどのように決定されているのでしょうか？

経済学の視点から考えると、企業は人・モノ・金の配分をうまく組み合わせながら営業活動を行っている「経済主体」の一つです。「モノ」は商品や生産設備などが該当します。「金」は銀行借り入れや公募増資などの資金調達手段が該当するでしょう。そして、「人」に当たるのが役員や従業員です。

従業員をたくさん雇ったり、給料を高くすることになれば人件費が増大し、お金が不足する事態を招きます。**経営者はそれらのバランスを取りながら営業活動を維持**しているのです。そのため、「頑張ったから」「新規顧客を開拓したから」といった従業員の貢献に対し、**経営者は給料で即座に応えることができません。拙速な対応は経営のバランスを崩してしまう**からです。

また、市場という側面から考えると、私たちは**「労働という商品」を販売している存在**です。この商品の特徴としては、日本国内に「6000万種以上が市場に出回っている」「機械ではないので、価格以上の性能を示すこともあるが、ボッタクリと思えるくらい性能にムラがあるケースも見られる」ことが挙げられます。

日本の労働人口は約6338万人（平成26年4月時点）です。一人ひとりスキルや人間性が異なる以上、まったく同じ商品は存在しません。しかし、経営者側の都合により、画一的な賃金が決められてしまうため、商品の供給側（労働者）が納得することが難しくなります。もし、納得するような価格をつけさせようとするのであれば、圧倒的に目立つ性能を示すほかにありません。

さらに、この商品が売買されている市場（労働市場）の中にもいくつかの分類があり、流行している市場もあれば不人気の市場もあります。例えば、土木関係の労働市場は、バブル崩壊以来、公共事業の削減や談合の禁止などによって、需要が減退していました。ところが、東日本大震災の復興活動や東京オリンピックの開催決定などによって、にわかに活況を呈するようになってきました。土木関係で働く人の賃金も上昇していると言われています。

このように、時代によって需要が変化しやすいのも労働市場の特徴です。私たち供給側も、転職などによって販売チャンネルを替えることで、市場の変化に対応することが考えられます。経験という付加価値にこだわり続けているより、市場の波に乗ることによって、販売価格を押し上げていくことも賢い選択の一つと言えるでしょう

「進化論」で有名な科学者のダーウィンも次のような考え方を示したと言われています。

「最も強い者が生き残るのではなく、最も賢い者が生き延びるのでもない。唯一生き残るのは、変化できる者である」

労働という商品を上手に売り続けるためにも、常にリニューアルを続け、そして時には売り場を変える工夫も必要なのです。

出世して給料を上げたい

それでは、給料が上がるまで何年も待っていられない人はどうすればいいのでしょうか？　会社員に限定して考えれば、通常、出世すれば給料が上がり収入が増えます。

中には、管理職となることで残業代が支給されなくなり、かえって手取り給料が一時的に下がるケースもありますが、**退職給付ポイントが上がることなどを考えると、一般的に出世するほどに生涯収入がアップする**と考えてよいでしょう。

ただ、出世したいと思っていても、そう簡単に出世できるわけではありません。したくてもなかなかできないからこそ、出世という収入増の手段に多くの人が悩むことになるのです。

とはいえ、出世に関しては明治維新で活躍した幕臣、**勝海舟**が答えを出しています。

勝海舟は幕府を江戸無血開城に導き、大都市を戦火に巻き込まなかった功績で有名です。また幕府の要職にあったにもかかわらず、新政府に加わって活躍し続けました。

さて、勝海舟という名前のイメージや、太平洋を横断した咸臨丸艦長という経歴を考えれば、勇ましい「海の男」と想像するかもしれません。

ただ、実際には船酔いが激しかったらしく、咸臨丸でアメリカに向かった際にも、ほとんど操船することができず、乗船していたアメリカ人に任せっきりだったそうです。よって、勝海舟が**「何でもできる凄い男だったから出世した」と結論を出してしまうのは早計**と言えるでしょう。

しかし、勝海舟が「賢かった」という点は間違いない事実です。そもそも、勝海舟が出世した起点は幕府に「海防意見書」を提出したことにあります。ペリー来航で大騒ぎになった幕府による、外敵対抗策の募集にうまくハマったようです。

現代に当てはめると政府の企画コンペに入賞した、あるいは社内の新企画募集で採用されたといったところでしょうか？　無名だった勝海舟にとってはチャンス到来だったわけですが、そのチャンスを掴むだけの知識や見聞が土台になっていました。

その後開設されることになる長崎海軍伝習所で士官となるための勉強をした際にも、オランダ語ができたからこそ、教官に出世することができました。早い段階から語学を身につけていたことも、出世に大きく役立ったと言えます。

バイリンガルが普通にゴロゴロしている現代において、英語をはじめとする語学が一つできた程度では出世の役に立たないと思われるかもしれませんが、**語学のような出世ツールを持っていて損は無い**でしょう。ビジネスの現場で軽く通訳しただけで感謝されることもあるので、語学を侮ることはできません。

その後、勝海舟は主に海軍畑で実績を積み、幕府の軍事総裁にまで上りつめました。江戸城の無血開城を決断したのもこのときです。明治維新後の新政府でも大臣を務め伯爵の称号も受けました。

出世するのに必要なものとは？

語学をはじめとする勝海舟の知能が出世に欠かせなかったのは間違いありません。

しかし、**出世に最も貢献したのは勝海舟の「人間味」**であると筆者は考えています。

明治維新後、勝海舟は徳川慶喜の復権に尽力しました。旧政府（幕府）のトップなど、普通であれば過去の人として忘れるものです。会社員でも、退任した社長にわざわざ会いに行く人は少ないことでしょう。

ところが、勝海舟は幕府に取り立ててもらった恩を忘れず、徳川慶喜の蟄居状態を解くために奔走し、その後も名誉回復に至るまで協力を惜しみませんでした。また、西南戦争によって朝敵となっていた西郷隆盛に関しても、上野公園に銅像が建てられるまでに名誉が回復したのは勝海舟の功績だと言われています。

このように、**かつての上司や敵対関係にあった者に対して気配りできるような「人間味」があったからこそ、勝海舟には人も情報も集まった**のです。だからこそ、旧幕臣という肩身の狭い立場でありながら、明治維新の中枢として重用されたのでしょう。

私たちは、**自分の能力を見せつけることで、出世できるようになる**と思いがちです。しかし、個人の能力以上に人の和を重んじて管理職を決定するケースも多く見られます。**ドロ臭い、面倒臭いと感じられるような人間関係を大切にする人ほど出世しやすい**のです。

出世と人間性との関係では、東レ経営研究所の元社長で『そうか、君は課長になったのか。』の著者でもある**佐々木常夫**も、「出世は『人間性』、『能力』、『努力』のバロメーター」と述べています。

例えば、あなたが新規プロジェクトの成功をほめられたようなときに、「先日退社された○○課長に教わった方法を取り入れました」と小さな配慮をするだけでも、後々の出世に大きな違いが表れるはずです。

出世できない場合はどうすればいい？

早期に出世することが不可能だと思われる会社、または今の事業の売り上げを伸ばすことも難しいと思う個人事業主であれば、副業を始めるという方法もあります。

会社員であれば、かつては副業をすることなどご法度という企業がほとんどでした。服務規程に「副業禁止」を明示する企業も多かったようです。

ところが、2008年のリーマンショックをきっかけとして、副業に対する風向きがガラリと変わりました。世界的金融不安と呼ばれた状況の中で、残業するほど忙しい企業ががくんと減ってしまったからです。自営業者においても、売り上げ減少に耐えられずアルバイトなどによって生活を支えていた人もいるようです。

平均年収が３００万円とも言われる世の中で、残業代なしで生活するというのは、なかなか大変なものです。また、従業員同士で労働時間や仕事を分け合う、ワークシェアリングというものも議論されるようになり、所属先の会社の給料だけで生活を維持するのが、ますます大変になると考えられるようになりました。

そこで、**大手企業においても、正社員の副業を認めるところが増えるようになった**のです。それらを反映して、「週末起業」や「ノマドワーカー」といった言葉も生まれました。

しかし、**実際に副業で成功した人が少ない**という現実もあります。

初期投資がかからないからと、ブログで商品やサービスを紹介して手数料をもらうアフィリエイトに手を出したものの、ブログ更新の手間に比べて実入りが少なく、結局ギブアップしてしまう人も多いようです。中には、ネットワークマーケティングに手を出して、思うように売れることなく商品だけが手元に残ったという人もいることでしょう。

それでは、副業を上手に行うためにはどうしたらよいのでしょうか？　副業に関しては、明治時代に活躍した**渋沢栄一**が答えを出しています。

渋沢栄一は、「日本の資本主義の父」と呼ばれ、「〇〇で有名」というには、肩書が多すぎて困るような人物です。

金融関連では、第一国立銀行（現・みずほ銀行）の初代頭取として、製造業関連では王子製紙の設立者の一人として、学問関連では商法講習所（現・一橋大学）の設立に尽力したことで有名です。他にも、東京商工会議所初代会頭をはじめ、たくさんの経歴があり、設立した会社や組織は400とも600とも言われています。

これだけ多岐にわたる事業に成功した渋沢栄一は、まさに副業の神と呼べるかもしれません。そもそも、本業が何だったのか分からないくらいです。

ところで、みなさんが副業を始めようとするとき、何を基準にして選ぶでしょうか？

・自分の本業を邪魔しないもの
・できるだけ自分が楽にこなせて、なおかつ儲かりそうなもの
・友人がやっていて儲かっていたので、どうも自分でもできそうな気がしたもの
・初期投資がかからないので、自分が損することはないと思ったもの
・自分の好きなことを商売にしたもの

ざっと、このような基準で選んでいる人が多いのではないでしょうか。ここで、右に記した5つの規準に共通点、もっとハッキリ言えば共通の言葉があることに気づきましたでしょうか？　それが「自分」です。

通常、副業を考えた際に最も重視するのが「自分」です。しかし、それこそが副業を失敗してしまう一番の原因なのです。

企業が商品開発をするとき、自分の会社の都合を優先して商品を作ると、往々にして失敗します。一方で、消費者のニーズを掴んで販売すると、大ヒット商品となることが多々あります。

かつての冷蔵庫は上から「冷凍室・冷蔵室」の順番でした。これは、冷たい空気が下へ流れる原理を利用したものです。ところが、設計上の都合を度外視し、主婦のニーズを掴んで「冷蔵室・冷凍室」に変えたところ、爆発的にその冷蔵庫が売れたそうです。

今ではもう、ほとんどの冷蔵庫が冷凍室を下にしています。

このように、**相手側（消費者側）の都合により意思決定したものほど、ヒットする商品、成功する仕事になる**のです。そもそも、自分の好きなことは、だいたい他の人も好きなことです。ラーメン屋が乱立して閉店していくのはその典型でしょう。商売を始めるときには、「他の人が嫌がってやらないこと」を中心に考えることが王道のはずです。商売で儲けることを目的とするのであれば、たとえ副業であっても商売の基本を忘れるべきではないでしょう。

みなさんも、本業では上司や顧客の都合を最優先して行動しているはずです。「上司が自分でやるのが嫌だからオレに回してきた」と思うこともあるでしょう。好きなことより嫌なことの方が仕事は多くなります。その一方で、自分で判断できる副業となるとつい、自分中心に判断してしまう傾向があります。副業くらいは好きなことをやりたい、というホンネもあるでしょう。

対して**渋沢栄一は、常に自分ではなく相手側の都合を優先して様々な事業を行ってきました**。だから成功したと言えます。なお、彼にとっての相手とは、日本国全体であり、日本国民全員と捉えることができます。

当時の日本は、明治維新によって近代化の夜明けを迎えたとも言える時代でしたが、幕末の動乱もあり、欧米諸国に比べてカネもモノも人もすべてが足りない状況でした。ヨーロッパを訪問したり、大蔵省で働くなどの経験によって、渋沢栄一は相対的に劣る日本の状況に危機感を覚えていたはずです。

日本に必要だと思うからこそ、銀行の頭取になり、製造業を立ち上げ、数々の大学設立に尽力したものと考えられます。

単に「自分がやってみたいから」「自分でもできそうだから」との発想で、手当たり次第に事業を起こしてきたわけではないのです。中には、数十年にもわたり赤字が続いた事業もあったそうです。しかし、**「日本に必要」**という強い信念があったから**こそ、粘り強く続け経営を軌道に乗せることができ、今では日本を代表する企業に育った**ケースもあります。

どうすれば副業が成功するのか？

少しでも収入を増やしたいと副業を始めるとき、心のどこかで「失敗してもいいや」と思ってはいないでしょうか？

正社員として働いていれば、経営者の場合はソコソコの売り上げがあれば、**とりあえず生活していく分には困らないだけの収入が確保できている**からです。副業で失敗した場合においても、借金でも残らない限り、使ったお金は「勉強代」として、自分が納得させられる範囲で損失を抑えることができます。

しかし、「失敗しても……」と思っている時点で、半分は失敗に足をつっこんでいるとも考えられます。副業の経営判断が、常に「自分を守るため」になってしまうからです。つまり、副業で成功しようと考えるのであれば、ある程度寝る時間を削るくらいの覚悟は持っておくべきでしょう。

もちろん、遊ぶ時間を削ることなどは当然です。週末起業というのも結構ですが、併せて平日夜の本業に携わらない時間も使って企画を考えるくらいの気概は必要でしょう。

・好きなことを好きな時間にだけやりたい＝趣味
・好きか嫌いかは別にして、とにかく儲かると思うものを真剣にやる＝副業

このように、趣味と副業をしっかり仕分けて取り組むことが必要でしょう。

一般的に私たちがイメージする副業とは、片手間でできるものばかりです。そもそも、「副」と言っている時点で、本業に対する優先順位の低さがうかがわれます。

確かに、本業を疎かにしてはいけませんが、同じくらいの**本気度を持っていないと、副業といえども成功することは難しい**のです。

たとえ携わる時間が短くても、全力を傾けて実行する気持ちと準備が必要です。

収入が上がる転職をしたい

本業がダメ、副業がダメ、ということであれば、いよいよ本業そのものを見直すことも考えるべきでしょう。努力すれば何でもうまくいくと言う人もいますが、いくら頑張っても報われないことがあるのも現実です。

会社員の人であれば長きにわたって働いてきた会社を辞めて、経営者であればこれまでの事業を一大転換して転職や転業に乗り出すことも、収入増のために必要となるかもしれません。

特に新卒から一つの会社で働いてきた人ほど、転職に対して高いハードルを感じるかもしれません。しかし、転職が成功・収入増への近道となったケースが多々あり、20世紀初頭のアメリカの実業家、**ロバート・ダラー**がその答えを出しています。

ダラーは元々、木材の会社で働いていました。その際に貯めたお金で独立し、材木会社をスタートさせました。ところが、ダラーはこの事業で失敗し借金を抱えてしまいます。それでも、懸命に働きながら借金を返し、木材を「運ぶ」ことに目をつけて海運会社（ダラーライン）を始め、後に「船舶王」と呼ばれるまでに至ったのです。

彼の答えは、次の言葉に込められています。

「貯金は成功のチャンスを作る」

もちろん、貯金の中には「お金」を含みます。しかし、お金だけではありません。**人脈や情報から健康まで、あらゆる資源を「貯めておく」ことが必要だということを意味している**のです。貯金が無ければ会社を作ることができなかったでしょうが、木材の会社で働きながら、海運業のニーズという情報を貯め、また独立後に依頼してもらえるだけの信頼関係を築いていたからこそ、新しい業界でも成功することができたのでしょう。

私たちが転職を検討する際、つい使ってしまうのが「ゼロからのスタート」という言葉です。しかし、**ゼロからスタートするほど不利なことはありません。**スタート地点で何も持っていないからこそ、転職してもなかなか給料が上がらないという事態に陥ってしまうことも考えられます。ダラーのように新たな世界で成功するためには、様々なプラスの貯金を持っておくことが必須なのです。

転職や事業転換を考えた時点で、現状をマイナスと認識してしまい、転職でゼロになるだけでもマシ、という心理が働くのかもしれません。しかし、そのような安易な発想では、またマイナスに逆戻りする可能性が大です。

なお、経営者が新規事業を起こす際に銀行で融資を申請すると、必ず事業計画書の提出を求められます。その事業計画には資金調達だけではなく売上見込み（見込み客など）も示すのが一般的です。これもいわば、人脈や情報網の貯金があるのかどうかを銀行に測られているとも考えられます。

今の仕事が嫌だから、給料が少ないからという理由だけでは、転職を成功させることは難しいのが現実です。まずは転職を成功させるだけの〝貯金〟をすることから始めるべきでしょう。

無駄に税金を払っている感じがする

本業で稼いでも、副業で稼いでも、思い切って転職で給料を増やしても、儲かれば儲かるほどに大きくなってしまうのが〝税金〟です。税金の高さに関しては多くの人が不満を抱いています。

しかし、みなさんが**給料明細書を受け取ったとき、その中の総収入金額欄を見ているでしょうか？** たぶん、見ている人は少数派です。ほとんどの人は振込金額欄しか目を通しません。どうせ総収入金額から税金や社会保険料を引かれてしまうので、振込額との差額を計算してしまうと、かえってストレスが溜まってしまうからです。

ところで、筆者は各企業の新入社員研修の現場にお邪魔することがあるのですが、その際に左記の項目を質問することがあります。

Q 給料は全額受け取ることができますか？ 引かれるものはありませんか？

この質問に対して、ほとんどの新入社員は、「税金が引かれる」と答えることができます。中には、社会保険料が引かれることを知っている新入社員もいます。ただ、ほとんどの人が間違ってしまう質問が、左記のものです。

Q 税金や社会保険料で、何%くらい引かれると思いますか？

この質問に対する答えのほとんどが「5%～10%」です。すでに働いている人たちからすると「そんなことも知らないのか!?」と驚かれるかもしれません。しかしそれくらい、私たちは税金に対する知識が疎い環境に育ち、また税や社会保険に関する教育を施されずに大人になってきたのです。

みなさんも、初めて給料をもらったとき、「こんなに引かれるの～!?」と驚いたはずです。そして、もう二度と驚きたくないからこそ、給料明細の総収入金額から目をそらすようになったのです。

一方、会社を経営している人たちは、法人税対策などに頭を使うので、ある程度税金の知識が身につきます。しかし、儲かるほどに税金の計算が複雑となり、結局経理担当者や税理士に任せっきりとなり、税金に対する感覚が疎くなってしまう傾向もあります。

さて、正社員として働く人に限定して考えてみると、先ほどの質問の答えは、おおむね収入の30％程度を税金や社会保険料で差し引かれていることになります。この30％という数字は、決してバカにすることができません。

カリスマ投資家として有名な**ウォーレン・バフェット**でさえ、年間の運用利回りが20％ちょっとと言われています。私たちは運用で取り返すことができないほどの金額を、国や自治体に持っていかれているのです。

そのため、税に対する意識の高い人たちは、税金の無駄遣いに対する物言いも強くなってしまいます。税金嫌いを広言する人もいます。

私たちが税金を払いたくないと思ってしまう心理に関しては、アメリカの哲学者であり作家の**ラルフ・ワルド・エマーソン**が答えを出しています。

エマーソンはアメリカの南北戦争時代において、奴隷解放に尽力したことで有名です。彼が残したとされる格言の一つが、

「あらゆる借金の中で人々は税金を一番払いたがらない。これは政府に対するなんという諷刺《ふうし》であろうか」

というものです。「払いたがらない」という部分は、私たちが普段感じていることなので、特に目立ちはしません。しかし、税金を「借金」と表現している点に、エマーソンの視点の面白さがあります。

私たちは政府からお金を借りているわけではありません。家や車を買うために借りた借金と税金を同列に扱うことに違和感を覚える人もいることでしょう。しかし、道路や公園を使ったり、警察に治安を維持してもらったりといったサービスを先に受けている以上、それらの費用を税金という形で後払いしなくてはなりません。その意味で、**政府に払う税金も借金の一つ**と言えます。ところが、税金という存在が必要であることは分かっていても、どこか意識の片隅で「返す」ではなく「取られる」と思ってしまうのです。

アメリカで南北戦争が行われていた時代も、日本の現代においても、いつの時代も税金は嫌われる存在です。**嫌われているからこそ、私たちは税金のことを考えようとせず、何も分からないままただ支払い続ける**ことになってしまいます。

筆者もファイナンシャルプランナーとして、一般的な税の仕組みを説明することがあるのですが、「こんなことも知らないの？」と感じる会社役員の方もいらっしゃいます。逆に、よく勉強されているなぁと感心させられる専業主婦の方もいます。傾向としては、**バリバリ働いている人ほど税金や社会保険に対する意識が低い**ように思われます。

多くの勉強をしてきた人ほど収入が高くなる傾向がありますが、実はそんな人ほど仕事に忙殺される中で税知識を蓄える時間が奪われ、税偏差値が低いまま暮らすハメに陥ってしまいます。

税金を集めることの意義やその仕組みを政府がしっかりと啓蒙していれば、私たちが「払いたくない」と思うはずがありません。しかし、政府が教えてくれないから、学校で習わなかったから、会社が教えてくれないから、と言い訳したままでは、結局**必要以上に税金を取られ続けるだけ**です。もしかすると、みなさんも税金が借金の過払い金と同様の状態になっているのかもしれません。

引かれた税金を取り返したい

ありがたいことに、税金は払いすぎていても、「還付」の制度によって取り戻すことが可能となっています。今日、初めて税金について考え、計算し直した結果、みなさんの税金が過払い金であれば、**約5年分にもさかのぼって取り返すことができる**のです。

コンビニの買い物でおつりの間違いに怒ったりするくらいであれば、もっと高い意識で税金を数万、数十万円と取り返した方がずっと得でしょう。

特に会社員の人ほど、税金を取り返すチャンスが多くなります。経営者の方は税理士がきちんと税金を計算しているので、過払い金となっているケースが少なくなるからです。毎年の年末調整だけで済ましてしまい、確定申告をしたことが無い人は「チャンス」と考えてください。

なお、会社員の税金に関しては、元国税局調査官・**大村大次郎**の著書『サラリーマンの9割は税金を取り戻せる』に示されています。

この本では、住民税をふるさと納税とすることのメリットや医療費控除の仕組みなどが分かりやすく解説されています。節税に関しては雑誌などで何度も特集が組まれていますが、ターゲットが「サラリーマン」に定められているので、必要な知識を必要な範囲だけ手に入れたいという人にはうってつけと言えるでしょう。

私たちが旅行として楽しむ温泉を節税に活用することなど、税金に関する目からウロコの情報が提供されています。なお、大村大次郎は『あらゆる領収書は経費で落とせる』などによって、経営者向けにも節税の手法を伝授されています。

サラリーマンだからこそできる節税方法がある！

さて、ファイナンシャルプランナーの立場として、今後特にサラリーマンの方に注目していただきたい節税方法が、「特定支出」というものです。

所得税や住民税は、私たちの毎年の利益（所得）に対して課されています。利益なので、給料などの収入から必要経費を引いてから計算するのですが、会社員の場合この必要経費が給与所得控除という概算経費によって大まかな計算で済まされています。

ただ実際には、靴を大量に磨り減らす営業マンや、部下に何度もおごる管理職の人もいるはずです。これらの「必要経費」が高額になる人もいることでしょう。このような会社員の必要経費のことを「特定支出控除」（以下、特定支出）と呼んでいます。

しかしながら、かつては特定支出を計算しても、給与所得控除に遠く及ばないため、「そんなものを計算しても意味が無い」という人がほとんどでした。そのため、年末調整で計算される給与所得控除で誰もが申告・納税を終了させていました。

ところが、平成25年分の所得より、この特定支出の範囲が拡大され、また適用額の

給与所得控除額

年収	給与所得控除額
1,625,000円まで	650,000円
1,625,001円から　1,800,000円まで	年収×40%
1,800,001円から　3,600,000円まで	年収×30%＋　180,000円
3,600,001円から　6,600,000円まで	年収×20%＋　540,000円
6,600,001円から10,000,000円まで	年収×10%＋1,200,000円
10,000,001円から15,000,000円まで	年収×　5%＋1,700,000円
15,000,001円以上	2,450,000円

下限が引き下げられたため、今後は**この控除制度を利用して税金を減らすことが可能になる人が増える**と予想されます。

大まかな仕組みとしては、まずこれまで通り給与収入から給与所得控除を差し引いて給与所得（給料による儲け）を計算します。

例えば、年収が800万円の人であれば、200万円の給与所得控除を差し引いた600万円が給与所得となります。ここで、さらに特定支出を計算して、給与所得控除額の半分、つまり今回のケースでは100万円以上になると、その分をさらに給与所得から差し引くことができます。

例えば、公認会計士などの資格取得や交際費などで120万円を支出していた場合、今回のケースでは20万円（＝120万円－100万円）を給与所得から差し引くことができます。この分について還付申請を行えば、3万円以上の節税効果を発揮することになります。

自分が使った金額をまとめてその資料を提出するだけで、数万円も得するのです。ちょっと一日休みを削る程度で還付申請の書類も仕上がるはずです。コストパフォーマンス的にも決して悪い話ではないでしょう。

なお、年収1500万円超の人は給与所得控除が頭打ちとなることもあり、特定支出が125万円以上になると活用することができます。収入の多い人ほど支出が多くなる傾向があるため、ますますこの制度を利用する価値が高まると予想されます。

ただし、特定支出として認められるのは、①通勤費、②転居費、③研修費、④資格取得費、⑤帰宅旅費、⑥図書購入費や交際費などの勤務必要経費のみであり、また給与支払者（つまり勤務先）の証明書が必要となります。

なんでもかんでも支出が認められるわけではない点に注意が必要です。

特定支出を有効に利用できるかどうかは人によって異なります。ただ、**まずやっておくべきことは、お金を使ったときにもらったレシートや領収書を取っておくこと**です。これは医療費控除の還付を狙う際にも有効です。

特定支出が適用金額まで達するかどうかは1年間経ってみないと分かりませんが、少なくとも証拠を残しておけば適用するチャンスも残ります。「どうせダメだから……」と諦めずに、証拠集めから始めてみましょう。

まずは立ち止まって考えよう

ここまで解説してきたように、収入を劇的に変えることは難しいのが現実です。給料が高いと言われる業界に転職しても、結局数カ月で退職して経歴にバツを一つ増やすだけになる人もいます。

収入を増やそうという行為自体が、ある意味ではハイリスク・ハイリターンの選択とも言えるでしょう。そのリスクを抑えるためには、ここまでお話ししてきたように、

地道ながらも事前に計画を立てておくという準備が必要となるのです。

キャリアプランに一貫性を感じない人に高い給料を払う会社も稀でしょうし、無闇に事業を多角化した会社の末路も周知のとおりです。

税金にしても、制度を確認しきちんと記録を残しておけば得をする仕組みになっています。つまり、収入を増やすための**スタートは動き出すことではなかった**のです。

まずは立ち止まって考える、そして備えることがスタートです。

【第1章のまとめ】

●もっと収入が欲しい！

・金融政策の効果が実体経済に表れるまでにタイムラグが生じるのと同様に、収入を増やすために頑張ったことが給料やボーナスに反映されるまでに、大きなタイムラグが生じてしまうのは必然

●出世して給料を上げたい

・出世に最も貢献するのは「人間性」。人間関係を大切にする人ほど出世しやすいのは世の常

●副業で収入の不足分を補いたい

・実際に副業で成功できる人は少ない。自分の好きな趣味などを副業にするのではなく、相手（消費者）側の都合に合わせた副業ほど成功する

●**収入が上がる転職をしたい**

・いきなり転職しようとしても成功の可能性は薄い。人脈や情報から健康まで、あらゆる資源を事前に「貯めておく」ことが必要

●**無駄に税金を払いたくない**

・税金は政府に返す借金の一つ。税金のことを考えようとせず何も分からないままただ支払い続けるのではなく、減税策が無いか詳しく調べよう

●**引かれた税金を取り返したい**

・サラリーマンなら「特定支出控除」という方法も。まずやっておくべきことは、お金を使ったときにもらったレシートや領収書を取っておくこと

著者のオススメ本

『資本主義と自由』

ミルトン・フリードマン 著／日経ＢＰ社

初版が1962年であるにもかかわらず、ここ数十年の間に先進国政府が実践している政策がすでに提案されている。フリードマンの先見性がうかがわれる書籍。数学的ではなく論理的に記されており、文系の人にも読みやすい経済学の本。

『サラリーマンの9割は税金を取り戻せる』

大村大次郎 著／中公新書ラクレ

住民税をふるさと納税とすることのメリットや、医療費控除の仕組みなどを分かりやすく解説。具体例も多く、源泉徴収票の見方や確定申告書の記載例も示されているので、本書を参考に還付申請にぜひチャレンジしてみていただきたい。

第2章

なかなか貯金が増えなくて困っている

なんとかして貯金したい

無ければ無いほどに困る、あればあるほどに余裕ができるのが貯金です。「今、〇〇〇万円の貯金があれば……」と妄想にふけったこともあるはずです。

しかし、使うのは簡単でも貯めるのが難しいのがお金の特徴です。誰もがお手軽かつ無理をせず、お金を貯めたいと思っていることでしょう。

以前執筆した『貯金のできる人できない人』でも示しましたが、貯金は無理をするほどに続かなくなってしまう行動です。そもそも、貯金を行動の中に含めること自体が間違いです。

一般的な人の考えを計算式にすると、「収入ー生活費＝貯蓄」となります。お金が余ったら貯蓄するというものです。ここで右記の方程式をちょっと切り替えて、「収入ー貯蓄＝生活費」と考えてみたらどうでしょう。

つまり、生活費の前提である収入から貯蓄分を切り離してしまうのです。そもそも、あると思うから使いたくなります。逆に、無いと思っているものは使いたいと思わなくて済みます。思考の範囲から貯蓄分を切り離してしまうのです。

具体的には、財形貯蓄のような給与天引きの制度を活用します。給与天引きが使えなければ、学資保険のような口座引き落としでも結構です。ポイントは、「わざわざ自分で貯めにいく」ということを行わないことです。行動することは面倒なので、途中で止めてしまう可能性が高いからです。

なお、同様の貯蓄法は過去にも**本多静六**という林学博士が実践しています。本多博士は、収入の4分の1を貯蓄するというルールを決めて、お金を貯め続けたそうです。その結果、後に数々の寄付を行うまでに至り、埼玉県では「郷土の偉人」として紹介されています。

無駄遣いをしないようになりたい

お金に縛られる人生は送りたくないものですが、現実的にはお金と人生には密接な関係性があります。長い人生の中には、お金で選択肢が少なくなったこともあるはずです。

だからこそ「宝くじが当たったら、あれを買おう、これを買おう」と無駄な妄想が止められないのです。お金があれば、人生の選択肢が増えます。無ければ無いなりに工夫すればよいのかもしれませんが、やはり選べる選択肢が限られてしまいます。

私たちは、ATMに行く度に減っていく預貯金額にため息をつき、給料日にひと安心しても、すぐにクレジットカードの引き落としなどにより、また少ない残高に怯える日々を繰り返すことになります。

私たちの**預貯金が増えていかない慢性的な原因は、ひとえに「無駄遣いしている」ことにあります**。給料以上に使ってしまうから、お金が貯まりません。逆に、給料が変わらなくても支出が減れば、当然預貯金が増えるはずです。そのことが頭で分かっているのに、身体が実践できないからこそ、ずっとお金が増えずに悩み続けることになるのです。

しかし、そのような私たちの無駄遣いに対する答えを出してくれた企業があります。それが日産自動車です。言わずと知れた、**カルロス・ゴーン**社長の会社です。つまり無駄遣いに関しては、ゴーン社長が答えを出しています。

かつて日産自動車は2兆円を超える有利子負債を抱え、自動車販売も落ち込み、経営危機がささやかれていました。しかし、経営危機にあった日産自動車と資本提携を結んだルノーから来たゴーン社長（当時はCOO）の「日産リバイバルプラン」により、財務体質が改善し、業績をV字回復させることに成功しました。

リバイバルプランが成功した一番の要因は、ゴーンが「空気を読まなかった」からだと筆者は考えています。リバイバルプランは、直訳すると再生計画となりますが、結局のところは大リストラ計画です。工場を潰し人員を削減するため、大幅な痛みを伴うことが目に見えており、普通の日本人社長ではなかなか決断することができません。それまで一緒に仲間として働いてきた社員や下請け企業を、切り捨てることになるからです。

しかし、ゴーンは客観的に過剰な生産設備・過剰な人員を見つけ出し、そして粛々とリストラを進めました。もちろん、このリバイバルプランには日本人社員たちが作成に尽力し、実行していったからこそ成功したという側面もあります。しかし、「あのフランス人にはどんな抵抗をしても無駄だ」と思わせる象徴として、ゴーンの存在は欠かせなかったものと思われます（ただし、ゴーンはフランス育ちのブラジル人ですが）。

リバイバルプランが成功した要因の一つとして、リストラの対象となった人たちが、良い意味で「諦めの気持ち」を持ったことが挙げられると筆者は考えています。

無駄遣いを止めるには他人の力を使おう

私たちが無駄遣いを減らそうと思うとき、多くの人が「よし、節約を頑張ろうっ!!」と決意してしまいます。実は、この頑張りこそが無駄遣いを生む温床となっています。

そもそも、預貯金のある人に頑張っている人などいません。みんな、「まぁ、これぐらいかな」と思っている程度にお金を使っているにすぎないのです。

周りを見渡せば一目瞭然です。「今、節約を頑張っている」と宣言している人ほど、普段から無駄遣いを続けている人です。

日ごろから節約が身についている人は、特に節約していることを自慢したりしません。「もったいない」と反射的に無駄遣いを避ける体質を持っています。あたり前のように支出を抑え、粛々とお金を貯めているだけに過ぎません。お金を貯めることを凄いと感じていないので、自慢する必要も無いのです。

また、配偶者が節約家で、自分自身が浪費家の場合においても、往々にして節約家の方が発言権は強くなります。結果、節約に付き合わされることになるのですが、「妻の言うことだから仕方ない」とどこか諦めた気持ちになれるはずです。

日産自動車の社員も、自ら望んでリストラや節約をしたわけではありません。ゴーンのような抵抗できない相手による強制力によって、仕方なくこれらの行動を受け入れるに至ったのです。

つまり、**自らの強い意志力によって無駄遣いを減らそうなどというのは、土台無理**な話なのです。できなくてあたり前です。なんとしてでも無駄遣いしない生活を営もうと思うのであれば、倹約家の恋人を見つけることから始めた方がよいでしょう。

一方、すでに結婚している、もしくは恋人探しが面倒だという人には、**今もっている預貯金をすべて個人年金保険に替えてしまう**という方法もあります。このような保険は途中で解約すると元本割れしてしまうので、実質的に満期まで引き出すことができません。

いざという時に使える預貯金がゼロの状態で再スタートすることになるので、嫌でもお金を貯めざるを得ない状況に追い込まれます。そうなれば、**必然的に無駄遣いを減らす生活環境を、頭だけではなく身体も望むようになる**はずです。

場合によっては、借金して資産を購入してしまうという最終手段もあります。ローンを組んでワンルームマンションなどの資産を買い、その返済を行うことでマンションという資産を貯めていくのです。

筆者の知り合いで、現在ローンを組んで不動産投資を行っている方がいます。その人は早くローンを返す（繰上返済）ことを目標に、「いつも3軒ハシゴして飲んでいたけど、今は1軒で帰ることに決めた」そうです。このように、資産とローンを活用して節約のモチベーションを高めるケースもあります。

ただし、投資用のマンションを買ってその家賃収入で遊んでしまうという人には向かない方法です。また、将来自分が住むための不動産を購入したいと考える人にとっては、その際の審査が厳しくなるケースもあるので注意しましょう。

趣味のお金は確保したい

無駄遣いを減らしてお金を貯めたいものですが、どうしても高くついてしまうのが趣味の費用です。土日にサーフィンをするといった人も、往復の交通費で何千円もの費用がかかります。

ゴルフに至っては、クラブの購入費からプレー代、中にはホールインワン保険などにまでお金のかかっている人もいることでしょう。趣味がお金を貯める上での足かせになっていることは否定できません。

それでは、お金を貯めるために趣味は止めるべきなのでしょうか？　この疑問に関してはアメリカの精神科医、**ウイリアム・グラッサー**が答えを出しています。

グラッサー博士の「**選択理論**」では、人間の生まれながらの欲求を次の5つに分けています。

①愛・所属の欲求
②力の欲求
③自由の欲求
④楽しみの欲求
⑤生存の欲求

これらの欲求を満たすために、私たちは様々な行動を選択していると考えることができます。

例えば、SNSのフェイスブックで豪勢な料理を食べたことを自慢したり、大きな仕事を得たことをアピールする方々もいますが、このような行動は、人に認められたいという欲求の表れで、「力の欲求」の一つと捉えることができます。

このように私たちは5つの欲求のどれか、あるいは複数を満たすために、行動を選択しています。

ここでまず、**趣味に関しては「楽しみの欲求」を満たしてくれる行動に当たる**と考えられます。言い換えれば、**趣味を止めてしまうと欲求が満たされず、ストレスを抱える状況**に陥ってしまうのです。

加えて、趣味を続けるためには、ある種のグループに所属しなければなりません。草野球であれば草野球チーム、ゴルフであればコンペに出場する仲間、サーフィンであれば海で出会った友人たちなど、形式を問わず何かしらのグループが出来上がっているはずです。よって、もし趣味を止めることになると、「愛・所属の欲求」も満たされなくなるので、2つの欲求でストレスを抱える事態に陥ってしまいます。

もし、趣味を止めてしまった場合、これらのストレスから解放されるため、いつもより高価な食事で気分を紛らわせるなど、浪費を招く行動に移ってしまうことが考えられます。お金を使うことにより「楽しみの欲求」を満たすという、新たな行動を見つけてしまうのです。また、「愛・所属の欲求」を満たすために、会社の仲間との関係性を深めようと、それまで以上に飲み会へ参加するようになるかもしれません。

このように、趣味を強引に止めてしまうことは、すなわち後々の無駄遣いを誘発しやすい行動選択なのです。そもそも、私たちは節約するために生きているのではありません。人生を楽しむために生きているはずです。楽しみを削ることは人生そのものを削ることになってしまうので、**基本的に趣味は節約の対象外**とするべきでしょう。

ただし、「キャバクラが趣味」という方のように、ひたすらお金を使うことが趣味になっている人は、やや路線変更することも一考でしょう。

例えば、単にキャバクラ嬢と仲良くなるのではなく、お店で使ったお金を記録に残し、「いかにして少額でキャバクラ嬢を落とすか？」という目標を持つのです。この目標を何度も達成できれば、数々の記録を元に『お金をかけずにキャバクラ嬢を落とす方法』という書籍を出版し、それまでの趣味の費用を取り戻すことができるかもしれません。

なお、筆者に関しては、趣味にかかる費用が実質的にゼロで済んでいます。使い古された言葉ですが、仕事そのものが趣味なので、特段、ゴルフなどにお金を使う必要がありません。お酒が好きなので、お酒にかけるお金が趣味の費用と言われればそうなのかもしれませんが、一人でしっぽり飲むというわけでもなく、いろいろな業種の方々と交流を深めながら飲むお酒なので、筆者自身としては仕事の一部として仕分けています。

今のところ、仕事で楽しんでいるため、他の楽しみを見つける必要がありません。他のことをやっている最中も、どうやって仕事をこなそうかな？と考えているくらいです。子どものころ、ゲームの「ドラゴンクエスト」に夢中になっていると、学校へ行っているときでも、友だちと遊んでいるときでも、「次のボスはどうやって倒そうかな」と考えてしまっていたのと同じ感覚です。

どうしても**趣味の費用を減らしたいと思うのであれば、無理に今の趣味を止めるの**

ではなく、今の趣味がつまらないと感じるほど、仕事を面白くしてしまう方が賢明でしょう。

節約のモチベーションが上がらない

世間の風潮として、「お金を無駄遣いする人＝だらしない・愚か」「お金を節約する人＝しっかりしている・賢い」とする向きがあります。果たしてそうでしょうか？

少なくとも学歴と節約には相関性が無さそうです。高学歴の人でもギャンブルにハマる人がたくさんいます。高級クラブで高いお酒に散財しているのも、高学歴で一流企業に勤めている人のほうが多いのではないでしょうか。

つまり、プライベートでお金を使うことと、学歴に関連性はありません。

そもそも、節約を頑張るどころか、一切やりたくないという人もいるはずです。そんな人は、周囲から白い目で見られることがあるかもしれませんが、むしろ経済学的には正しい行動を取っているとも考えられます。

その裏付けとして、2008年にノーベル経済学賞を受賞したアメリカの経済学者、**ポール・クルーグマン**が答えを出しています。

クルーグマンは、日本がバブル期以来の長引く不況から脱出するためには、財政の健全化を後回しにしてでも、積極的な財政支出をすべきだと主張しています。そのため、クルーグマンは著書『そして日本経済が世界の希望になる』の中で、アベノミクスを高く評価しています。

確かに、かつての日本政府は中途半端な景気対策や財政健全化対策を行ってきたため、バブル崩壊以来、失われた20年と呼ばれる期間を過ごしてきました。ややもすれば、これから数年後に失われた30年と呼ばれてしまうかもしれません。

過去に類を見ないほどの長期的経済低迷から脱するためには、将来の世代に借金を残すという反作用を無視して、経済環境全体を立て直すカンフル剤が必要なのかもしれません。

その意味で、クルーグマンは日本銀行による大幅な金融緩和と日本政府による積極的な財政政策（公共事業を増やすなどして景気を良くすること）を歓迎しているのです。

振り返って、私たち個人の現状は景気が良いのでしょうか？　悪いのでしょうか？　もちろん、一人ひとり状況は異なります。中には、「オレは儲かっちゃって困っているのよ」なんていう自慢気な人もいるかもしれません。

しかし、そんな人はそもそも節約云々で悩むはずがありません。逆に、みなさんが「節約をしたくないなぁ」と思っているのであれば、その時点で節約した方がよい状況と、自分自身で認識していると言い換えられます。つまり、それなりに**自分自身に対して不景気感を覚えている**のです。

不景気な状況に陥っている中で、節約をどんどん進め、支出を減らしていったらどうなるでしょうか？　日本経済と同様にデフレに悩まされる、つまり自分の価値を減少させてしまう状況が長く続いてしまうかもしれません。

「節約したくない」と感じるのは、単にお金を無駄遣いしたいと思っているのではな

く、**もっと前向きにお金を有効活用したいという考えの表れ**なのです。

節約を中心に考えると、お金に対する意識、つまりモチベーションが低いと捉えられかねませんが、自分の将来を中心に考えると、モチベーションが高いからお金を積極的に使っているとも考えられます。

企業が成長するとき、支出を抑えながら投資を行っているでしょうか？　いえ、ある程度無駄金になっても、積極的に投資を行っていくはずです。その後、成長が鈍化した際に経営を安定軌道に乗せるため、支出を見直してハイブリッドな財政基盤を築くことに努めるはずです。

もしみなさんが、年齢などによって「自分はもうこの先の成長が見込めない」と思うのであれば、どんどん節約して支出を減らすべきかもしれません。しかし、日本政府が経済を再成長させようと考えるように、自分にもまだ成長の余地があると感じるのであれば、節約など後回しにして積極的に自己投資すべきだと考えられます。

①難しい本を買ったけど、結局読まなかった
②スポーツクラブの会員になったけど、週に1回しか通っていない
③毎月旅行に行っている
④仲良くなった得意先の部長とよく飲みに行く
⑤外では酒を飲むが家では飲まない

これらは、無駄遣いとして敬遠されそうなものです。しかし、後々になって効果を発揮する投資にレベルアップすることもあります。

①数年後、もったいないからと読んでみたら勉強になった
②運動に慣れて、半年後からは週2~3回通うようになり、やせた
③旅行ネタで営業トークが盛り上がるようになった
④得意先との取引が増え、他の会社も紹介してもらった
⑤飲み屋の仲間を通じて人脈が広がった

もちろん、すべての無駄遣いがレベルアップするわけではありません。中には、忘れたいような経験になることだってあります。

しかし、無駄遣いを怖がっていては、本当に**価値のあるものを見つけ出すチャンス**さえ得ることができません。

クルーグマンが提唱する積極財政政策にしても、きっと無駄な公共事業が含まれてしまうことを想定しているはずです。

実際、アベノミクスにおいても、行政改革推進会議によって削減された予算が復活する、「ゾンビ予算」という不可思議なものがありました。ただ、それらを精査していると、多大な時間が経過してしまい、その間にデフレが進行してしまう恐れもあります。

同様に、私たちの**（無駄遣いかもしれない）投資は、「今」だからこそ効果がある**とも考えられます。若い人ほど、自分の成長の可能性を信じて積極的に自己投資すべきでしょう。

結婚したいけどお金が貯まっていない

現在シングルで暮らしている人に待っているライフイベントの一つが「結婚」です。もちろん、結婚を望まずシングルを続ける予定の方もいるでしょうが、国立社会保障・人口問題研究所の「人口統計資料集（2013）」によると、男性の生涯未婚率が約20％、女性は約10％となっています。年々生涯未婚率が高まっているようですが、裏を返せば8割から9割の人が結婚経験を有することになります。結婚することが「一般的」であることは間違いないようです。

しかし、お金が無ければ結婚後の生活が苦しくなってしまいそうです。結婚に向けて着々と貯金している人もいるでしょうが、結婚したい恋人がいるのにお金が無くてプロポーズできないという男性もいることでしょう。また、プロポーズを待っているのに、彼氏がお金を言い訳として結婚に踏み切ってくれないという女性もいることでしょう。結婚とお金を切り離すことはできません。

結婚のお金に関しては、イギリス（スコットランド）の思想家、**トーマス・カーラ**

イルとその妻、**ジェーン・カーライル**が答えを出しています。

トーマス・カーライルは、19世紀に活躍した人物で『フランス革命史』をはじめとした数々の作品を残し、エジンバラ大学の学長まで務めた人物です。しかし、カーライルが結婚した当初は、ほぼ無一文の状態だったそうです。それでも、妻のジェーンは彼の才能を見抜き、献身的に生活を支えました。

もし、トーマス・カーライルが結婚しなければ、無一文のまま、ただ気難しいだけの男で終わったかもしれません。使い古された言葉ではありますが、結婚が彼の人生を変えたと言えるかもしれません。

そもそも、親の世代の苦労話を思い出せば、多くの人が貧困な状態から結婚生活をスタートしています。

・六畳一間のアパートが新居だった
・結婚式を挙げるお金が無かった

・米を買うのにも苦労した

そんな昔話は耳にたこができるほど聞いてきたはずです。つまり、**お金を貯めてから結婚するというのは、ついここ数十年の間に作られたイメージであり、歴史的に見れば、結婚こそが資産を増やすスタートライン**であるとも考えられます。

お金が無い状態で結婚することは苦痛を伴うかもしれません。しかし、私たちが資産を増やすためには必要で欠かすことのできない変化なのかもしれません。

無理して貯金を増やすことは無理

昨今、極端なダイエットが問題になっています。必要な栄養分をあえて採らなかったり、バナナダイエットのように一種類の食材だけで食事を済ませてしまうようなケースです。もちろん、短期間で「やせる」ことができるのかもしれませんが、その原因が偏った食事による体調不良であれば、太っていたころよりも健康が害されていることになります。

お金に関しても、無理に貯めようとすることは禁物です。無理に貯めたお金はリバウンドで使ってしまうのがオチです。

やせている人たちが「やせたい」のではなく、「やせているのがあたり前」と思っているように、まず私たちは**「貯金があるのがあたり前」と考えることから始めるべき**でしょう。カルロス・ゴーン社長にしても、日産に初出社した際に役員が従業員と異なる特別なエレベーターに乗っていることに驚いたそうです。

私たちが貯金できないのは「あたり前」がズレていることに原因があります。そのズレを見つけ出し、修正することができれば、きっと私たちもお金を貯めることができるはずです。

また、金融の世界でよく使われる「プロスペクト理論」を応用して考えると、節約による利益（貯金増）に対する満足度は、少しずつ小さくなってしまいます。しかし、その原因は「慣れ」であり、節約して凄いと思わなくなるのは、まさに節約が自分の生活に定着した証拠とも捉えることができるでしょう。

【第2章のまとめ】

●無駄遣いをしないようになりたい

・自らの強い意志力によって無駄遣いを減らすのは無理。何らかの「強制力」によってお金を貯めるしかない

●趣味のお金は確保したい

・趣味を止めてしまうと欲求が満たされず、ストレスを抱える状況に陥るので、趣味は続けた方がよい

・どうしても趣味の費用を減らしたいと思うのであれば、今の趣味がつまらないと感じるほど、仕事を面白くしてしまう方が賢明

●節約のモチベーションが上がらない

・「節約したくない」と感じるのは、単にお金を無駄遣いしたいと思っている

のではなく、もっと前向きにお金を有効活用したいという考えの表れ。（無駄遣いかもしれない）投資は、「今」だからこそ効果がある

●結婚したいけどお金が貯まっていない

・お金を貯めてから結婚するというのは、ここ数十年の間に作られたイメージであり、歴史的に見れば、結婚こそが資産を増やすスタートライン

●無理してお金を貯めたい

・無理に貯めようとせず、自身が「貯金があるのがあたり前」の状態になる方法を考えるべき

・節約を「凄いこと」だと思わなくなれば、節約に慣れた証拠。そのまま慣れた生活を続けるだけでいい

著者のオススメ本

『私の財産告白』

本多静六 著／実業之日本社文庫

本多静六が多額の資産を貯めることに成功した数々の方法が載っている。投資に対する考え方も参考になる。戦後の荒廃期にエールを送るような内容にもなっている。今の生活が「苦しい」と感じる人には、より勧めたい一冊。

『貯金のできる人できない人～無理なく貯金体質になる方法』

小山信康 著／マイナビ新書

筆者の前著。貯金をダイエットにたとえ、会社員をはじめ、働いている人でもできる現実的な節約法を伝授している。本書に示したレコーディング節約は、ケータイからスマホに変わった現代であれば、より簡単に実践できる手段となる。

第3章

どうすれば投資がうまくいくの？

投資でお金を増やしたい

お金について考えたとき、最も悩ましいのが「投資」かもしれません。

将来の生活に対して不安を覚えること、節約について頭を悩ませること、このあたりは学生時代から社会に出ることを考えて、ある程度の覚悟ができているはずです。

しかし、投資に関しては「無理にやらなくてもいい」と思いながら育ってきた人が多いことでしょう。学校でも、少子高齢化による日本経済の将来不安は伝えても、超高齢社会で生き続けるために「投資が必要」などと教えることはまずありません。

実際、金融広報中央委員会の「家計の金融行動に関する世論調査（2013年）」でも、元本割れの危険性のある金融商品について、8割以上の人がNOを突きつけています。ただ、皮肉なことに、同じく8割以上の人が、老後の生活に多少なりとも不安を抱えているデータも示されています。

将来の老後生活は不安、でも今投資で損をするのはもっと不安。そんな一人ひとりの声が聞こえてきそうな結果です。

元本割れを起こす可能性があるが、収益性の高いと見込まれる金融商品の保有について

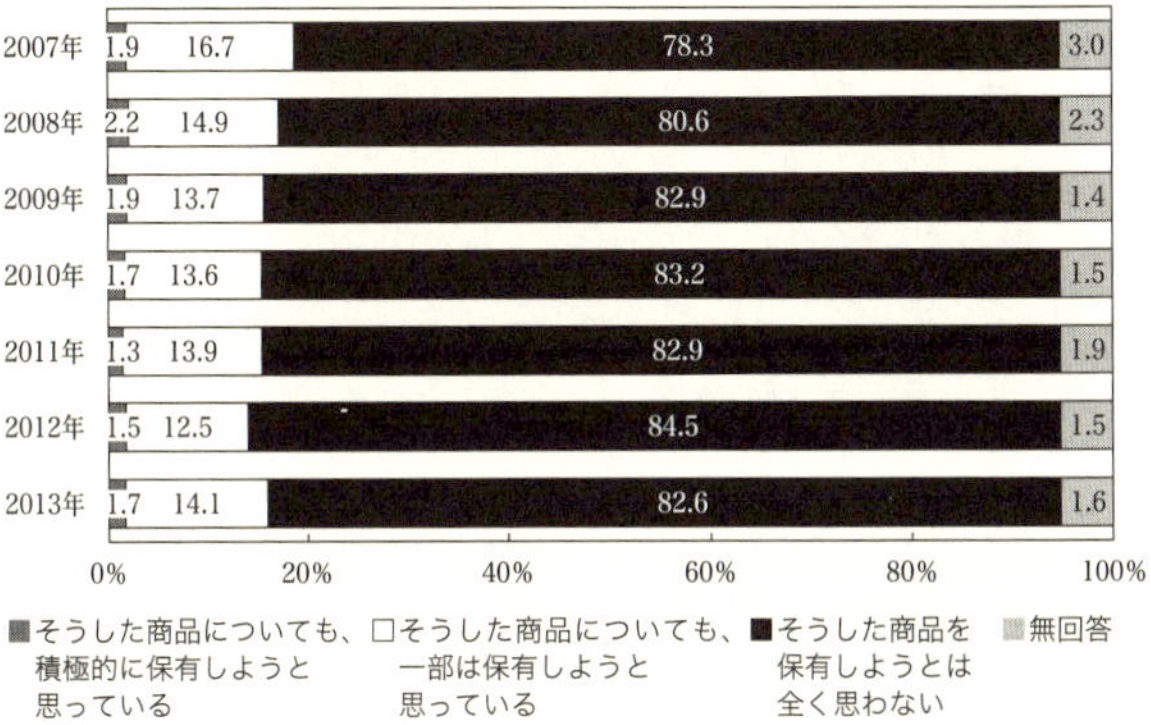

老後の生活への心配

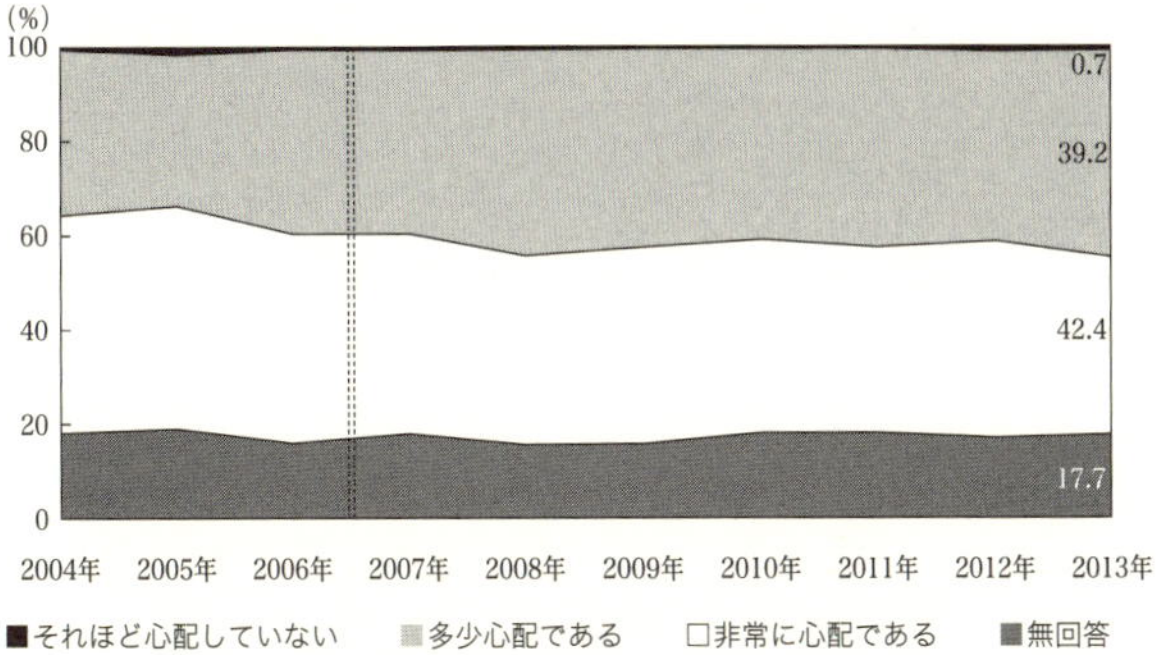

出典:「家計の金融行動に関する世論調査」[二人以上世帯調査](2013年)、金融広報中央委員会

もちろん、終戦以来、投資なんかしなくても日本人は人生を全うすることができました。私たちのおじいさん・おばあさんたちも、ほとんどの人が投資をしたことがありません。一部のお金持ちが趣味程度で投資をしていたり、うまいこと莫大な財産を作り上げた例が、少数派で残っているだけでしょう。

まともに現代史を学んでいる人であれば、「投資なんかしないで生きていける」と感じるのも当然のことです。ただ、投資の歴史を考えたときに、つい私たちが見逃している「先人たちの投資」があります。その投資が「子ども」です。

周知のとおり、昔はどこの家庭も子だくさんでした。5人兄弟や8人兄弟などザラです。筆者のおじやおばも、父方と母方を合わせてゆうに10人を超えています。それだけ子どもがたくさん育てば、たとえ年金制度が崩壊しても、誰かに老後の面倒を見てもらうことができます。子育てにお金や手間がかかったとしても、将来的には磐石の態勢を築くことができるのです。

ところが、私たちは子どもをたくさん育てていません。筆者自身には2人の子どもがいますが、1人だけ子どもを育てている人や、せいぜい多くても3人という人がほとんどでしょう。5人も子どもがいたら「ビッグダディ」とあだ名をつけられる勢いです。

2〜3人の子どもでは、彼らを頼って老後を生き続けることは期待できません。そもそも、子どもに食わしてもらおうなんて考えている人も少ないはずです。

昨今、親に仕送りをしているという人も少なくなりました。同様に、将来私たちが仕送りをしてもらうこともできないでしょう。

つまり、資産形成以前に家族形成の時点で、私たちは昔の人と違っていることになります。にもかかわらず、私たちの資産形成スタンスを昔の人と同じにしていて、本当に老後の生活を維持することができるのでしょうか？　私たちが、子育てという投資を怠ってきた分、株式などを含む各種資産における運用が必要なのではないでしょうか？　いえ、老後の生活を守るために資産を増やさなければならないはずです。

さて、経済環境が厳しくなる中での運用・資産作りについては、日本地図を初めて完成させたと言われる江戸時代の測量家、**伊能忠敬**が答えを出しています。

伊能忠敬に関しては地図作製のイメージが先行してしまいますが、実は商人としてもその才覚を現しています。天明の飢饉（１７８０年代）の際、伊能忠敬は米が不足することを予測してあらかじめ関西から大量に米を仕入れておきました。その米を村の人たちに分け与える一方で、それらを商人に売却して多額の収益を上げました。

このエピソードだけであれば、単なる有能な相場師に過ぎません。実はさらに伊能忠敬が優れていたのが、この米の管理方法です。

当時、関西や江戸では打ち壊しが頻発し、倉で管理している米の盗難が相次いでいました。当初、伊能忠敬の村（佐原村）の商人たちの間でも、お金を払って米の管理を役人に任せようという話が持ち上がったそうです。

しかし、管理料の負担がもったいないことと、それ以上に役人に任せると打ち壊しの対象になりやすいとの判断から、農民たちに米を管理してもらい、その報酬として米を分け与えました。

これにより、村の商人たちが打ち壊しの被害に遭うことが避けられました。また、利根川の堤防が決壊した際にも、怠惰な役人たちに見切りをつけ、伊能忠敬が先頭に立って治水事業を成功させました。

1780年代といえば、まさに江戸幕府の崩壊が始まったころです。**伊能忠敬は、時代が終わりゆくことを察知し、自分たちで仕事や生活を守る術を見出した**のです。

そもそも、伊能忠敬は婿として伊能家に迎えられた身でした。忠敬が家督を継いだころ、伊能家は没落状態だったと見られていますが、忠敬が商人として相場を見抜いたり事業転換などを成功させたことで、忠敬が隠居して江戸へ出たころには資産を大きく回復させていたそうです。

また、現役時代にしっかりと**投資によって資産を残すことができたからこそ、測量・地図作りといったセカンドライフを楽しむことができた**とも言えます。

投資は、不確実な将来のリスクを小さくするための、生活防衛行動の一つでもあります。じっとしているだけのサッカーのディフェンダーなどいません。将来の生活や老後の楽しみを守るためにも、投資という行動も必要であると考えられます。

株で儲ける方法を知りたい

投資で資産を増やそうと考えたとき、多くの人が思い浮かべるのが株式でしょう。株は投資の基本です。短期的に儲けるためであれば、FX投資でもやった方がよいかもしれませんが、長期的に資産を増やしていくことを考えるのであれば、株式投資を無視することができません。

株式の最大の魅力は成長力にあります。企業が成長していくことで、その企業価値を時価で示した株価も成長するはずです。

例えば、トヨタ自動車の2003年の自動車生産台数は約680万台ですが、2013年には約1000万台にも伸びています。すでに大きくなっている大企業も、引き続き成長しているのです。長期的にこれらの成長が期待できるのであれば、株式投資によって長期的に資産を増やすことが可能になるはずです。

ところが、世間的には株式投資に悪いイメージを持つ人もたくさんいるようです。かつて、株式投資によって多額の借金を背負うことになった有名人もたくさんいます。

「株なんて儲かりゃしない」とおっしゃる声も耳にします。

確かに、株式は絶対に儲かるような代物ではありません。これまでにも、超有名企業が倒産したケースがたくさんあります。それでは、どうしたら株式で資産を増やすことができるのでしょうか？

その答えは、モダンポートフォリオ理論の祖であり、ノーベル経済学賞受賞者のアメリカの経済学者、**ハリー・マーコビッツ**が出しています。


日本で株式を上場している企業は3000社以上もあります。世界に目を向ければ、何万、何十万もの上場企業が存在します。

また一つひとつの株価の値動きもそれぞれ異なります。これらの中で、今後もさらに成長していく企業は、株価も上がっていくことが期待できます。

しかし、これほどたくさんの企業の中から、継続的に高成長を続ける企業を見つけることは容易ではありません。そもそも、企業の財務データなどを見て、その企業の成長力を予測できるのは、一部の証券アナリストや公認会計士、カリスマファンドマネージャーくらいのものです。

もちろん、株式トレードに勤しむ一般の方もいますが、彼らの中で儲かっているのは、ほんの一握りとも言われています。株式投資を始めるとき、残念なことに多くの人がこの「一握りの儲かっている人」を目指してしまいます。ただ現実的には、多数派の敗者となり多くの資産を失ってしまうのです。

単純に考えれば、「儲かる」か「損する」かは二つに一つですが、実際には2対8くらいの割合でしょう。だからこそ、8割以上の人たちが、投資をしたくないと考えてしまうとも言えます。


そもそも、これから成長し続ける企業を見つけるということ自体、簡単なことではありません。リーマンショックの時、パナソニックやシャープの大赤字が続くことを予測した人はいるでしょうか？　東日本大震災で周辺が液状化したディズニーリゾートが、最高益を更新し続けることを予期していた人がいるでしょうか？

企業一つひとつの動向を知ることさえ大変なのに、さらにその将来までを予測することなど不可能に近いのです。だからこそ、無理に予測しようとせず、企業の将来を予測すること自体を諦めた上で株式投資を行った方が賢いのです。

ここで活用できるのが、マーコビッツによる**「モダンポートフォリオ理論」**です。これは、**それぞれ異なる値動きをするものを組み合わせることによって、全体として安定的な運用を達成することができる**という理論です。

例えば、将来、円高になるのか円安になるのかは分かりません。ただし、円高になれば輸入品を販売する企業が有利、円安になれば製品を輸出する企業が有利になるということは、誰もが分かることです。

それであれば、輸入企業と輸出企業の両方の株式を買っておくことで、為替相場が変動しても、両者の平均的な成長力によって資産を増やすことが可能になります。

株式市場には様々なニュースがタイムリーに伝わってきます。ロシアのクリミア併合や北朝鮮の核実験、チリの大地震など、それらが伝わるごとに、株価はそれぞれ反応します。このような予期せぬ出来事によって、大きく業績が下がり、株価が大暴落する企業だってあります。

その一方で、東日本大震災で建設・土木関連の株価が上昇したように、他の株価と異なる値動きを見せるものもあります。

これらを組み合わせることで、一つひとつの短期的な値動きを、全体的に抑制することができます。つまり、単一の株式銘柄に集中投資するとハイリスクになってしまう株式投資が、複数の銘柄に投資することによってそのリスクを小さくすることができるのです。

このモダンポートフォリオ理論の考え方を活用し、株式投資を行う際には、様々な業種の株式銘柄に分散投資することが、資産を長期的に増やしていくための、最もお手軽な方法になります。ただし、直接的に株式を購入して分散投資を行うためには、高額な資金を必要とするため、**現実的には投資信託を活用する形で分散投資を行うことになる**でしょう。

ただ、「投資信託なんて信用できないから買いたくない」という声も耳にします。

実際、日本の金融資産構成を欧米と比較した場合、株式などの所有が少ないことも挙げられますが、投資信託の利用率の低さの方が歴然としています。それでも、分散

家計の資産構成

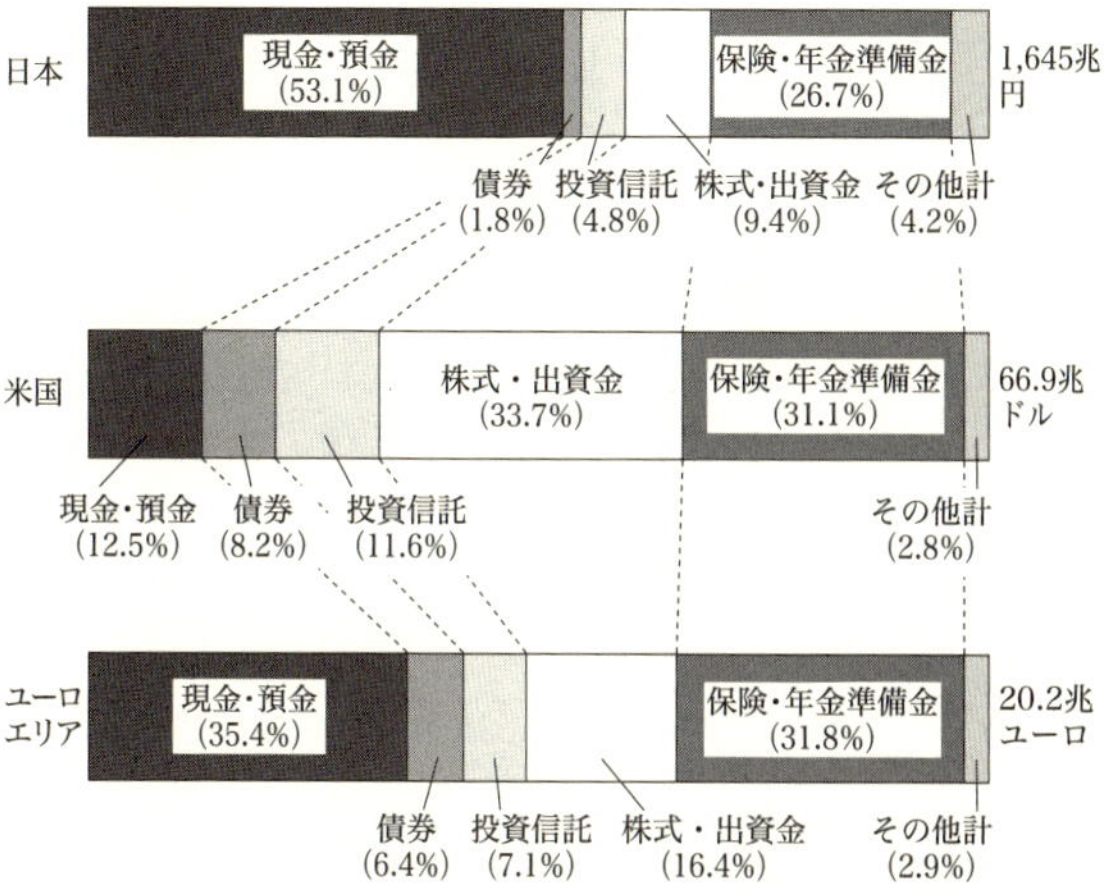

※「その他計」は、金融資産合計から、「現金・預金」「債券」「投資信託」「株式・出資金」「保険・年金準備金」を控除した残差。

出典：日本銀行調査統計局「資金循環の日米欧比較」

投資を行う上では、投資信託を活用した方が、手間暇を考えても有効なのです。

わけも分からず、**なんとなく株式投資を始めてみるよりも、まずは投資信託を活用して資産の増やし方を学んだ方がよい**でしょう。

そして少しずつ慣れてきたら、自分でも企業を研究して株式を購入してみるという、投資のステップアップを目指す方が賢明です。

なお、分散投資を行う場合は、日本国内だけに目を向けるのではなく、世界全体に視野を広げて行いたいものです。日本の経済成長率は低いものの、世界全体で考えれば、それよりも高い成長率が期待できるからです。株式投資が成長力に期待してのものであることを思い出し、選択肢を多くして分散投資を行いたいものです。

外貨・債券で儲けたい

前ページのグラフ「家計の資産構成」において、実は株式や投資信託と並び、欧米に比べて資産構成が圧倒的に少なくなっているものがあることに気づかれたでしょうか？　それが「債券」です。投資の世界において、債券はとても地味な存在です。株式のように大きな値上がりを期待できる資産ではないこともあり、株式以上に縁遠い存在になっています。

特に日本の10年物国債は利回りが低く、たったの0・55％程度（平成26年6月末現在）です。

預貯金の金利よりは一桁多くなっていますが、0コンマの世界ですから、私たち一般人としては、大した違いではありません。実際、**日本の国債に関しては、投資というよりも預貯金の代わりとして、個人向け国債を活用している**人が多いようです。

ただし、債券そのものは市場で売買されているものなので、購入時よりも売却額が低くなる元本割れリスクがあります。それでも、株式ほどの大きな値動きを示すことが少ないので、安定的な運用をしやすい資産でもあります。

国内の債券では、どうしても儲けが小さくなってしまうのですが、外国の債券に目を向ければ、利息や為替差益によって大きく儲けることも可能となります。南アフリカランドやブラジルレアル建ての債券であれば、10％前後の利回りが期待できます。

また、これらの外国通貨が値上がりすればさらに収益も拡大します。

ただし、為替相場が円高になってしまうと、為替差損が発生してしまうので、利息収入を差し引いてもマイナスになってしまうことが考えられます。また、国内の債券も同様ですが、債券の発行体が破たんすると、元本そのものが消失してしまうことさえありえます。儲けの期待が高くなると、当然リスクも高くなるのです。実際、かつてアルゼンチンの国債がデフォルト（債務不履行）となったこともあります。

それでは、このような債券や外貨に投資するには、どのようにしたらよいのでしょうか？　その答えは、「ミスター円」こと、元大蔵官僚で経済学者の**榊原英資**が出しています。

2008年にサブプライムローン問題やリーマンショックが起こるまで、異常なほど円安が続いていました。榊原英資はその原因の一つとして、（日本の）「個人投資家のマネー流出が加速」していたことを挙げています。

ゼロ金利政策が続く日本では、債券で運用しても大した利息を得ることができません。ところが、金利の高い欧米やオーストラリアなどの債券であれば、より高い利息を得ることができました。そこに目をつけた個人投資家が、こぞって外国債券で運用する投資信託を購入するようになったのです。

実際、当時人気のあったグローバルソブリンファンドは純資産総額が5兆円を超え、同様のファンドが他の運用会社でも設定されるほどに至りました。

外国の債券を購入するためには、日本円を売って外貨を手に入れなければなりません。つまり、個人投資家が外国債券を購入すればするほどに、円安がさらに続くことになります。榊原英資は当時の状況を「**円安バブル**」と評しています。

しかし、リーマンショックにより、その円安バブルも崩壊することになりました。その原因は後述しますが、円高により外債の利息収入以上の為替差損を被る個人投資家が多かったようです。

単なる金利差だけを狙って損をした個人投資家は、大きな勉強代を支払わされたといってよいでしょう。やはり、外国の通貨や債券に投資をする上では、為替相場の動向を推測することが必要になってくるのです。


世の中にはエコノミスト（経済評論家）がたくさんいます。榊原英資もその一人と言えるでしょう。数多くのエコノミストの中で、榊原英資が特徴的なのは、その論評が「**人間臭い**」ところです。財務官として為替相場を動かしてきた経験と、対峙してきた人脈から得られる情報を基にし、政策当事者の性格をうまく分析している点が、数値的な情報に頼りやすいエコノミストとやや異なっています。

雑誌やテレビでも、各国の金融担当者の特徴を、学生時代のエピソードなどもふまえながら紹介しています。著書『これからこうなる日本経済、世界経済』の中では、日本銀行の黒田総裁を指して、「いわゆる『リフレ』派で一五年にわたるデフレーションの原因は日銀にあると長年日本銀行を批判してきた人物」と紹介しています。

なお、榊原英資は円安バブルを小泉・竹中時代のツケと評しています。政策を担う当事者が、どのように考え、どのように対応するかによって、私たちの投資も大きく動かされてしまうのです。

数字には説得力があります。しかし、**数字だけを見ていては、より大きな動きを見逃してしまいます**。榊原英資のように、当事者の人間性や考え方を把握してこそ、経済全体の動きを捉えられるようになるのです。

一時期、ＦＸ取引などにおける短期売買で儲けるデイトレーダーがはやりました。しかし、デイトレという言葉が死語になるくらいデイトレーダーが減少しました。デイトレーダーの多くが短期の値動きばかりに目を奪われてしまい、経済全体の動きを見逃し、損をしてしまったからです。

私たちが外貨や債券で資産を増やすためには、榊原英資のように**過去から現在に至る情報を吟味し、経済全体の動きを捉えていくことが必要**になるのです。

金投資で最高値を掴みたい

ここ数年、金価格は上昇の一途を辿ってきました。世界的にはやや金相場も落ち着きを取り戻し、ニュースで金最高値更新と叫ばれることがほぼなくなりましたが、円安の影響により、円ベースでは昨年も上昇を続けてきました。

しかし、2014年は為替相場もやや落ち着いている状況が続いているので、円ベースでの金価格も大幅な上昇を示していません。それでも、次ページのグラフのような21世紀中の上昇傾向を見ると、金投資で大きく儲けられそうな気もしてきます。

何より安心なのが〝金〟という実体です。金融商品のほとんどは実態を確認するこ

円ベースの金価格の推移

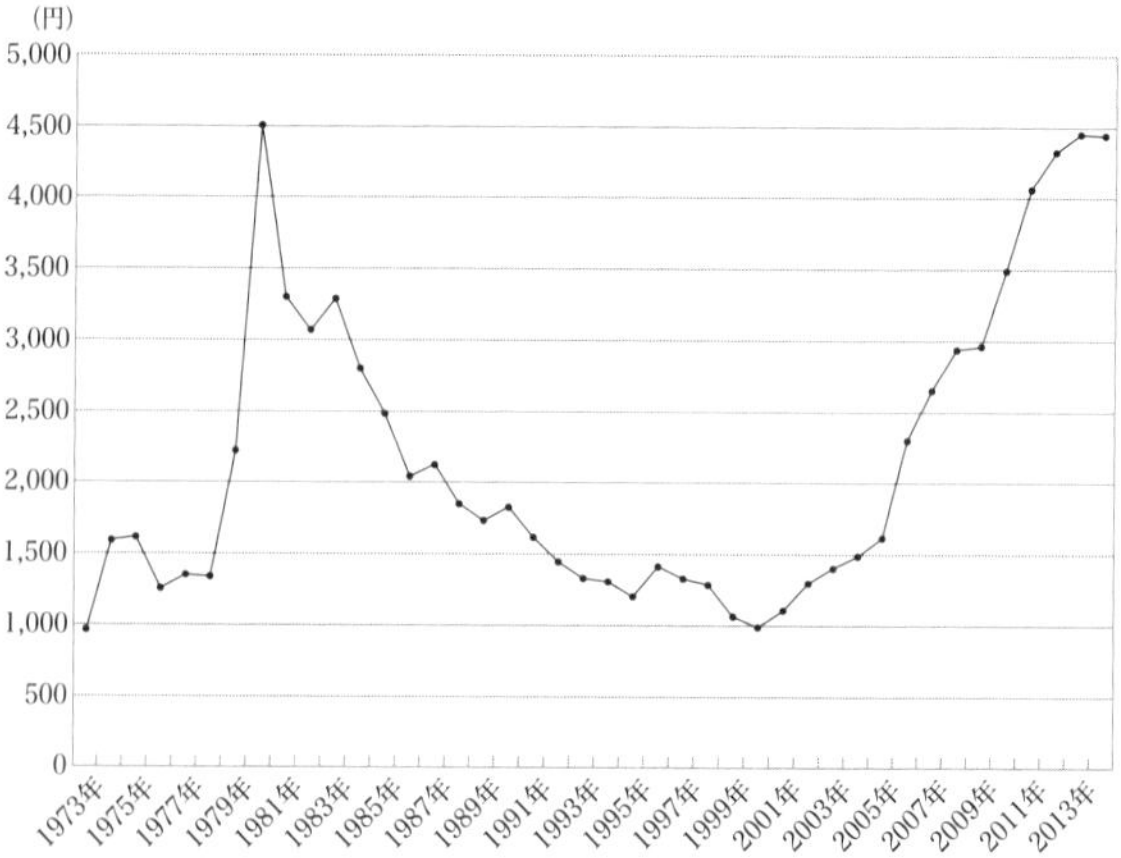

出典：数値は田中貴金属工業。2014年は3月時点。他は年平均

とができません。株式についても、基本的に電子化されているため株券を見ることができません。紙幣にしても所詮は紙切れです。発行している日本銀行が破たんしてしまえば、何の価値もなくなってしまいます。

一方、金は国が破たんしても、どこへ持っていっても「価値ある資産」として通用します。

ルパンⅢ世に出てくるようなお金持ちが、金庫に金塊を隠し持つのもうなずけます。金が世界的な安全資産であり続けることは揺るぎないとも言えるでしょう。

なお、右ページのグラフでは、円ベースの金価格が最高値水準にあるように見えますが、実際には1980年に1グラム6000円を超えた時期もありました。その意味では、金価格が値上がってきたといっても、まだ最高値更新には至っていないとも言い換えられます。

とはいえ、これからも金が値上がり続けると断言することはできません。グラフを見ても、やや高値一服という雰囲気が感じられます。それでは、今後の金価格動向を予測する上で、何に答えを求めたらよいでしょうか？

その答えは、かの有名な中国の政治家、**毛沢東**が出しています。

そもそも、**金の高騰はもう一方の資産価値の相対的下落を意味しています**。そのもう一方に当たるものがお金、つまり紙幣になります。よって、**「金が値上がりするかどうか」を考えることは「紙幣が値下がりするかどうか」を考えることに等しい**のです。そして、この紙幣の値下がりをうまく抑えることに成功し、それによって共産党を国民党との戦いに勝利させたのが毛沢東なのです。

共産党が国民党と内戦を繰り広げていた当時、戦力的には国民党の方が有利と言われていました。ところが、戦費確保のために国民党が紙幣を乱発したため、その価値が下がり、国民党が支配していた地域では物価上昇（インフレ）が起こるようになりました。

一方、共産党は中国人民銀行を設立して、紙幣を乱発しない仕組みを導入しました。これにより、紙幣の価値が安定し、併せて物価も安定するようになりました。物価が安定すれば生活も安定します。生活が安定したことで国民は共産党を支持するようになり、戦局を逆転するに至ったのです。

ここであらためて、金価格が上昇してきた原因を考えてみましょう。**金は「モノ」を代表する資産**です。生鮮食料品のように腐ったり不作になったりする心配がないため、また増やそうにも資源量が限られているため、豊作で価格が下落するといったことがない安定的な資産です。

一方、**お金は基本的に各国の中央銀行が発行しています**。日本では日本銀行がその中央銀行に該当します。実際、紙幣をよく見ると「日本銀行券」と書いてあります。

歴史的に日本銀行は、インフレを起こさないことを目標としてお金（紙幣）を供給（以下、広い意味で「発行」という言葉も使います）してきました。「インフレファイター」というニックネームもついていたほどです。物価が過度に上がらないように注意しながら、経済に必要と考えられる量のお金を発行してきたのです。

しかし、日本経済が長引く不況、そして物価が下がり続けるデフレを味わった結果、現在ではその政策を大転換させることとなりました。物価がどんどん上がる（2％程度）ように、言い換えれば量が多すぎて紙幣（日本円）の価値が下がるように、お金をどんどん供給するようになったのです。

次ページのグラフ（マネタリーベースの推移。マネタリーベースとは、日本銀行による貨幣の供給量）を見れば、近年加速度的にお金の供給が増えていることが分かります。

理論的に考えれば、埋蔵量が一定である金に対し、紙幣を大量に供給すれば金価格は上昇するはずです。実際、近年世界的に金価格が上昇した原因の一つは、欧米を中

マネタリーベースの推移

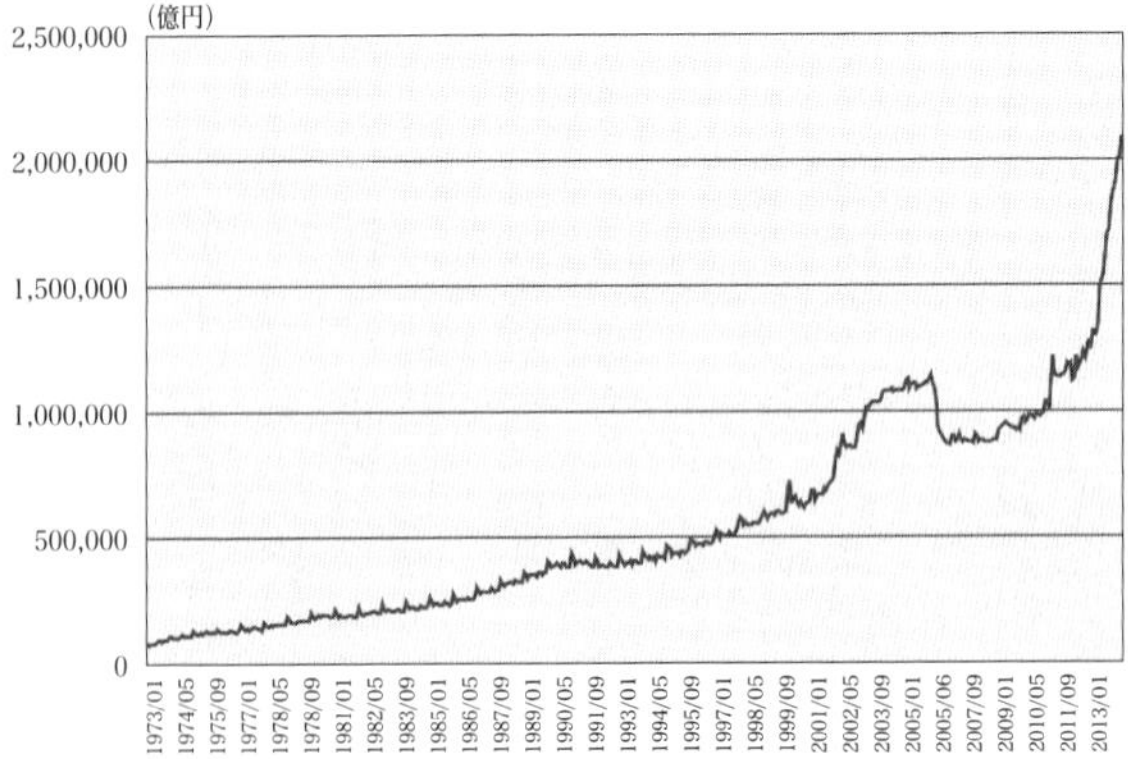

出典：数値は日本銀行

心としてお金を大量に供給してきたことです。そして、後塵を拝する形で大量供給を始めたのが日本なのです。このような背景を考えると、理論的に円ベースの金価格は上昇傾向が強まるものと考えられます。

ただし、金は元々ドルベースで売買されているものです。ドルはアメリカ経済立て直しのため、リーマンショック以来その供給量を多くしてきました（量的緩和政策と言います）が、ＦＲＢはその増加ペースを抑える方向に動き出しています。すると、ドルベースでの金価格が抑えられることになるので、単純に考えると円ベースでの金価格にも影響が及ぶと考えられます。

金をはじめとするモノの価格を推測する上では、世界情勢の緊迫化など、様々な要因を考えることが必要です。

ここで、「モノはお金で買う」という原点を見つめ直してみましょう。そうすれば、モノの相対的な価格傾向を掴むことができるはずです。ただし、金は放っておいて利息がついてくるというものではありません。基本的に「増える」ことが期待できない資産です。

あくまでも「値上がりする」ことのみでしか儲けることができません。毛沢東が国内情勢を見極めて紙幣発行を調節する手段を用いたように、私たちも世界情勢を見極めて金を上手に活用していくことが大切なのです。

投資と縁

以前、ある20歳の学生から質問されて驚いたことがあります。

「株って何ですか？」

株式会社の仕組みは中学校や高校で習っているはずです。株式取引の全体的な情報を提供するために、ニュースでは必ず日経平均株価が伝えられます。筆者にとって、株は身近な存在だったのですが、一般的な学生からすると縁遠い存在だったようです。実際、超大手企業で働いている人でも、一般従業員と言われる人たちは、多くが投資未経験者です。いまだに「株」と聞いただけで拒絶反応を示すほどです。

その一方で、株式はおろかＦＸ投資で積極的に資産を増やそうとする人たちもいます。日本人にとって投資は「やらないか？　やるか？」の二者択一になっているのが現状です。

カリスマ投資家として有名な**ウォーレン・バフェット**は、「投資は力仕事ではなく、人一倍、読み、考えなくてはならない」と、述べたそうです。ただし、その一方で、

「少額でいいから投資をすべきで、本を読むだけではダメだ」とも述べたそうです。

いまだに投資未経験という人は、まずは簡単な投資の本を読んでみて、少額から投資を始めてみましょう。経済や政治の変化を掴めるようになるきっかけにもなるはずです。間接的に仕事に好影響を及ぼすかもしれません。

筆者の理想としては、中間層に位置する人たちが増えてほしいと願っています。投資をしたことの無い人でも、将来を見据えて投資で資産を増やす、積極的にというより投機的に投資をしてきた人も、安定的な運用を心掛けるようになるというのが理想です。

そしていつか、学生たちがファミレスで、一般従業員の人たちが社員食堂で、日本経済の動向や世界情勢について語り合うような姿が見られれば、日本全体がさらに経済成長していけると考えています。

【第3章のまとめ】

●投資でお金を増やしたい

・投資とは、不確実な将来のリスクを小さくするための、生活防衛行動の一つ。変わりゆく時代を察知し、自らの仕事や生活を守る術を見出せ

●株で儲ける方法を知りたい

・なんとなく株式投資を始めてみるよりも、まずは投資信託を活用して資産の増やし方を学んだ方がよい

●外貨・債券で儲けたい

・日本の国債に関しては、投資というよりも預貯金の代わりとして、個人向け国債を活用している人が多い

・過去から現在に至る情報を吟味し、経済全体の動きを捉えていくことが必要

●金投資で最高値を掴みたい

・「金が値上がりするかどうか」を考えることは「紙幣が値下がりするかどうか」を考えることに等しい

・金をはじめとするモノの価格を推測する上では、世界情勢の緊迫化など、様々な要因を考えることが必要

著者のオススメ本

『ポートフォリオ選択論――効率的な分散投資法』

ハリー・マーコビッツ 著／東洋経済新報社

リスクとリターンの関係性、リスクを小さくする投資手法の基本を学ぶことができる。統計学を投資に応用している点で画期的な理論であり、株式投資においては常識ともいえる考え方を学ぶことができる。

『これからこうなる日本経済、世界経済』

榊原英資 著／日本文芸社

アベノミクス後の日本経済、世界経済を読み解くための本。経済の歴史をひもときながら学ぶことができるので、トータルな経済知識を身につけるためにも役立つ。グラフも多用されているので内容が理解しやすい。

第4章

家を買おうかどうか迷っている

今こそ家を買いたい

消費税増税を前に、マイホーム市場は活況を呈しました。住宅ローン金利が超低水準にあることも後押しし、1億円前後するような高級マンションも飛ぶように売れたそうです。

東京オリンピック開催も決定し、首都圏も湾岸部を中心に不動産価格が下げ止まり、底値圏を脱したようにも思われます。今後、さらに不動産価格が上昇するかもしれないと思えば、「今のうちにマイホームを買っておかないと」と焦る気持ちがわき起こるかもしれません。日本銀行による異次元の金融緩和がしばらく続くことを考えると、消費税が増税された後もマイホームが売れ続け、平成バブルという時代がやってくるかもしれません。

1990年前後のバブル期を思い返すと、マイホームに関しては今では考えられないような事態が起こっていました。マンション販売の抽選会に当選すると、誰もがガッツポーズをして喜んだり、涙を流す人まで現れたほどです。首都圏の物件は「買いたくても買わせてもらえない」状況が続いたのです。

しかし、この当時の抽選に当選した人たちは、ある意味**ハズレくじを掴まされたと言っても過言ではありません**。バブルが崩壊してから10年ほど経過したころ、筆者は大学の後輩から聞きました。

「私の家、○○ニュータウンにあるんですけど、10年前に買った今のマンションを売っても、住宅ローンを返済しきれないほど価格が下がっているみたいです」

10年も借金を返し続けても、まだ債務超過の状態が続いていたのです。マイホーム購入のタイミングが狂うと、いかに家計を圧迫してしまうのかを如実に表すエピソードです。

ところで、今は家を買うタイミングと言えるのでしょうか? 古代ローマで要職を歴任した政治家**マルクス・ポルキウス・カト・ケンソリウス**がその答えを出しています。

彼は政治家として活躍した一方で、『農業論』や『起源論』といった書物も残しています。また、「大カト」というニックネームで紹介されることもあります。

その大カトですが、次のような格言を残したとされています。

「あなたが欲しいと思うものを買ってはいけない。あなたが必要とするものを買うようにしなさい。贅沢と欲望。これらの疫病は、あらゆる国家を破滅させるものなり」

つまり、**「マイホームを買いたい」という思いが単なる欲望なのであれば、今はまだ買う時期ではない**ということです。一方、**自分や家族の生活状況を考えて、「マイホームが必要」と考えるのであれば、買ってもよい**ということになります。

多くのケースで、欲望のおもむくままにマイホームを買ってしまう姿が見られます。ローンが通ったから、物件が気に入ったから、底値のような気がするから、そんな一瞬の判断でマイホームを購入した人ほどローンの支払いに苦労し、最悪のケースでは競売に至ってしまいます。

大切なことは、マイホームの必要性について、家族でしっかりと議論しておくことです。大カトも大スキピオをはじめとする政敵と演説で議論を戦わせていました。

マイホームは欲望ばかりが先走りがちです。自分の欲望に必要性が追いついているのか、しっかり確認してから購入しましょう。

住宅にかかる費用を抑えたい

家を買うにしろ買わないにしろ、私たちの支出全体において住居費用はかなり大きなウエートを占めています。生活の基礎として「衣・食・住」の一つに加えられていますし、人生の三大支出（教育費用、住居費用、セカンドライフ費用）のラインナップにも加えられています。

例えば、マイホームをフルローンで買ったとすると、現在の低金利状況でも総返済額が約1・5倍になります。5000万円のマンションを買ったとして、これに修繕費や固定資産税などを加えて考えると、1億円前後の支出になります。

また、同じレベルのマンションを30〜40年借り続けたとしても、おおむね近い金額が必要となります。会社員の生涯年収が2〜3億円と言われていますから、収入の2分の1から3分の1程度が「住むだけ」に使われているとも考えられます。

しかも、マイホームを購入すれば、ローンを返済し終わるまで支出が固定され、賃貸の場合でも契約更新までは家賃が固定されます。引っ越したとしても、なかなかレベルを下げて住宅を選ぶことはできません。金額が大きく、かつ固定的になってしまうのが住宅費用の特徴です。また、水道光熱費など、付随的に費用がかさんでしまう点でも、住宅は家計の根幹をなすものとも考えられます。

それでは、どうすれば住宅の費用を抑えることができるのでしょうか？　その方法として、世界最大のコングロマリットであるＧＥ（ゼネラル・エレクトリック）の最高経営責任者を務め、「伝説の経営者」と呼ばれた**ジャック・ウェルチ**が答えを出しています。

ウェルチはリストラによる経営合理化策でも有名ですが、何より**買収によってＧＥを巨大企業に押し上げた点が評価されています**。航空機エンジンから金融業まで幅広く事業を行っています。

事業を多角化して手を広げすぎてしまうと、経営資源が分散して企業グループ全体が衰退してしまう恐れがあります。しかし、ウェルチは世界シェアで1位または2位になれない業種からは撤退するとの方針を貫いたため、巨大企業でありながら、ＧＥ

を成長軌道に乗せることに成功しました。

企業の巨大化は、リスクマネジメント（危機管理）の一つである「**結合**」の手法にも当たると考えられます。母集団を大きくすることで、一つのアクシデントの影響を小さくしたり、その傾向を掴むことができるという手法です。

実は私たちの祖先も、規模は小さいながらも、ウェルチと同様の手法で家族経営を行ってきました。それが**家族の同居**です。

長らく日本は貧しい国でしたから、三世代が同居してお互いに力を合わせながら、なんとか暮らしを維持してきました。特に昔は年金制度もなかったので、子どもが両親の面倒を見るしかなかったという事情もあるでしょう。

逆に、親の面倒を見るという名目で一緒に暮らすことができた長男はいい方で、分家していくことになる次男や三男は、新たな家庭を築くために大変な苦労を強いられることが多かったようです。

GEの経営に当てはめれば、長男は中核企業としてグループ内に残し、次男や三男はグループからリストラされたといったところでしょうか？

両親と子ども夫婦が別々に暮らすよりも、一緒になって同居した方が全体的に安く済むことは、誰でも想像がつくはずです。

例えば、50㎡のマンションを二つ借りるより、100㎡のマンションを一つ借りた方が、一般的に家賃を低く抑えることができます。

水道光熱費の基本料金も一世帯分安く済ませることができますし、インターネットの通信回線も一つにまとめることができます。

また、子どもの面倒を見るために費やされる時間も、リタイアしている両親が面倒を見るようになれば、その時間を使ってさらに働き収入を増やすチャンスも生まれます。それこそ、数十年前の農家などは「じいちゃん、父ちゃん、母ちゃん」のさんちゃん農業と言われたものです。

3人分の労働力が収益を稼ぎ、婆ちゃんもしくは嫁さんが家事・育児を行うという分業が成り立っていました。それぞれが得意分野で稼ぐ、もしくは事業をサポートしているという点で、巨大企業グループの家族バージョンだったとも言えます。

しかし、戦後の復興から日本が裕福になるにつれ、三世代で家族が支え合うというライフスタイルが崩壊することになりました。同居を好まない若い夫婦が増え、現在ではおおむね8割前後の人たちが両親と別居しているようです。

両親と同居しない理由は様々でしょうが、一般的に考えられる理由として、「同居のわずらわしさ」を否定することはできないでしょう。配偶者の両親を「家族」と捉えることができない人も多いようです。

それが現代のライフスタイルと言えばそれまでですが、**両親と別居する人が増えた背景には、別居しても生きていける環境を政府が整えてくれた**、とも考えられます。

問題点はあるものの、公的年金制度が整備されているため、老後も一定の収入を得ることができます。

また、介護保険制度が整備されたことで、子どもがつきそわなくても、地域の介護サービスによって、両親が生き続けることができる環境も整備されました。

このように、政府が先行もしくは後追いする形で、若い世代が両親と暮らす必然性を薄めてくれたのです。それが社会のニーズであり、自分自身や子どもとの時間を重

妻の年齢別、親との同・別居割合

妻の年齢	総数	妻の親と同居	夫の親と同居	どちらかの母親と同居	4人のうち誰かと同居	別居	
						今回	前回
29歳以下	330	8.0%	16.0%	21.5%	24.9%	75.1%	81.9%
30～34歳	597	5.2%	11.2%	14.8%	16.5%	83.5%	80.2%
35～39歳	772	6.1%	14.7%	18.6%	20.6%	79.4%	74.5%
40～44歳	734	7.0%	18.9%	22.3%	25.1%	74.9%	69.4%
45～49歳	667	8.8%	32.7%	32.2%	36.8%	63.2%	63.3%

出典：2008年社会保障・人口問題基本調査、第4回全国家庭動向調査、国立社会保障・人口問題研究所

視したいという本能に、政府が応え続けてくれたとも考えられます。

企業経営に当てはめて考えると、経営環境が安定したことで、有望な事業を管理していた社長が、自由に経営するためにMBO（マネジメント・バイ・アウト・経営陣買収）で独立したようなものです。

ところが、これらの別居を支えてくれた制度自体が、徐々に崩壊に向けて動き出している側面があります、公的年金制度はマクロ経済スライドなどによって、実質的に減額を続けています。本年は金額ベースでも引き下げが行われました。

また、介護支援制度も「要支援」を介護保

険の枠組みから外すことが議論されるなど、ひっ迫する財政の中、政府は年金や介護・医療にかかる財政支出を削減しようとしているのです。

つまり、日本が高度経済成長を続けてきた中で、「老後の生活は国や地方自治体で面倒見ますよ」とされてきたものが、「**少子高齢化だし、借金も1000兆円も抱えて苦しいから、自分の両親は自分で面倒を見てね**」という方向に動き出したとも捉えられます。

加えて、これまでは終身雇用によって、核家族でも安定した収入を維持することができましたが、今後も雇用流動化が進むことになれば、一つの収入源では安定的な生活を維持することが難しくなるかもしれません。よって、日本経済が縮小し、日本人の生活が苦しくなっていくことを予想するのであれば、早い段階から同居を検討し、住居費用の全面的なリストラを実行することも考えられます。

また、現代では想像しづらいかもしれませんが、公的年金制度などが本格的に崩壊することになれば、「じいちゃん派遣社員、父ちゃん正社員、母ちゃん契約社員」という三員世帯というものが主流になっているかもしれません。

リーマンショックにより、GEのような巨大企業グループもリストラを進めましたが、その一方で有望な事業には集中的にM&Aを行い、シェアの拡大を図っています。同様に、**私たちが住居費などの生活費を効率よく減らすためには、家族経営のリストラではなく巨大化も検討すべき**なのです。MBOによって独立した社長が、再度巨大グループの傘下に入るケースもあります。将来の生活を見据えて、私たちが両親の家族グループに入ることも選択肢の一つとなるはずです。

頭金を貯めたい

金融緩和政策が長く続いているという背景もあり、銀行間の住宅ローンの競争が激しくなっています。住宅ローンは担保もしっかりしているので、銀行としては安定的な収入源として、ぜひとも確保しておきたいのでしょう。

競争が激しくなれば、住宅ローンの審査も若干ゆるむことになります。かつては、物件価格の1～2割程度の頭金を用意しておくのがあたり前でしたが、現在は物件価格の全額を貸してくれるフルローンも見られます。中には、物件価格以外の諸費用まで貸してくれるケースもあります。

しかし、筆者はファイナンシャルプランナーとして、**フルローンによるマイホームの購入は避けるようにアドバイス**しています。借りることができても、返しきることが難しくなるリスクが高いと感じるからです。

とはいえ、マイホームの購入を急ぐ人にもそれなりの理屈があることでしょう。

「家賃を払いながら頭金を貯めるより、今から借りてローンを返し始めた方が早い」

確かに、早く家を買って早く返し始めれば、ローン完済の時期も早まります。もたと頭金を貯めた後で購入すると、完済時期が退職後にズレ込んでしまうかもしれません。家賃でお金を消費するのも、もったいないような気がします。

しかし、ローンの返済は通常、30年以上も続けることになる長い義務です。実際、この義務を果たすことができず、マイホームを競売にかけられてしまう人がたくさんいます。毎月十数万円も払い続けることは、決して簡単な話ではないのです。

家を買った後に、自分がローンの支払い義務を果たし続けることができるのか？をしっかり考えなくてはなりません。

その試金石となるのが、頭金であると筆者は考えています。家賃や管理費を払いながら、さらに将来のマイホームのために頭金を貯め続けるだけのモチベーションがあれば、購入後もきちんとローンを払い続けることができるはずです。

逆に、フルローンという他人の資金力のみに頼って手に入れた資産では、その後も大切に維持することが難しいかもしれません。あえて大げさなことを言えば、ギャンブルの儲けが資産として残らないのと似たような構図です。

よって、せめて物件価格の1割くらいの頭金は用意した上で、マイホームの購入を検討したいものです。


しかし、頭金を貯めることは決して簡単ではありません。前述のとおり、家賃や管理費、そして日常の生活費を使いながら、なおかつ将来に向けてお金を残す、という作業になるからです。中途半端な気持ちで続けることはできません。

それでは、どうやったら頭金を貯めるためのモチベーションを維持することができるのでしょうか？

そのモチベーションに関しては、世界的なベストセラー『人を動かす』で有名なアメリカの作家、**デール・カーネギー**が答えを出しています。

カーネギーは、コミュニケーションなどのトレーニング方法を確立した人物で、世界中のビジネス研修でそのノウハウが生かされています。第1次大戦では、アメリカ軍に従軍して指導したとも言われています。

そのカーネギーは次のように述べています。

「一見たいしたことのない仕事でも、思い切って全力を注ぐことだ。仕事を一つ征服するごとに実力が増していく。小さい仕事を立派に果たせるようになれば、大きい仕事の方はひとりでに片がつく」（『カーネギー名言集』）

あたり前の小さな仕事をコツコツとしっかりこなしていく、その行動が最終的に大仕事につながっていくというものです。**家の購入に当てはめれば、頭金を貯めるとい**

う小さな仕事を続けていれば、必然的にマイホームを手に入れることができると考えられます。

つまり、頭金を貯めることを「小さな仕事」と考えてしまえばよいのです。

「仕事だからしょうがない」

これは日々、私たちが頭に浮かべる言葉です。得意先の無理な注文も、上司の理不尽な説教も、仕事だから仕方なく耐えています。仕方ないと自分に言い聞かせながら、毎日の小さな仕事をこなし、いつの間にか一人前の社会人になっています。

前向きに言えば、仕事だから耐えることができます。しかし、せっかく耐えて稼いだ給料でも、頭金を貯めるといった形で、お金を残し続けるモチベーションまではわきません。

その原因は、「頭金を貯めることを、仕事の範囲から外している」ことにあります。多くの人が「お金を稼ぐ→仕事の範囲」「頭金を貯める→プライベートの範囲」と、意識の中で切り分けてしまっています。そのため、仕事をしているときはモチベーションを高く維持できていても、お金を手元に受け取ったときには、すでに試合終了後のモードに落ちてしまっているのです。

これから、**家を買うために頭金を貯めようと思うのであれば、「お金を稼ぐ&頭金を貯める→仕事の範囲」「頭金以外のお金を使う→プライベートの範囲」と頭金をセクションチェンジさせることが必要**です。

普段会社で行っている「小さな仕事」の一部に、頭金を貯めることを含めてしまうのです。企業が将来の投資のために資金の一部を確保しておくように、マイホーム購入というプロジェクト（大きな仕事）のため、頭金というプール金の準備が必要であると、ビジネス的に考えてみましょう。

一流の仕事をこなしているみなさんであれば、日常の業務と同様、着実な成果を残せるはずです。

安くて良い家を買いたい

世の中には様々な資産がありますが、**不動産ほど中身や価格の判断が難しいものはない**と感じています。

しかも、取引の煩雑さや価格の高さを勘案すると、失敗しても後でなんとかなるという代物でもありません。ましてや、一生に一度買うか買わないかのマイホームともなればなおさらです。

新築の一戸建てを建築する場合に、テレビのコマーシャルでは1000万円未満でも建てられると言うことがあります。その一方で、有名ハウスメーカーの展示場において、1億円前後もかけて作られたモデルハウスを見た結果、ため息がもれてしまうことがあります。

まさにマイホームは千差万別で、同様の間取りが並ぶマンションにおいても、階数が一つ上に上がっただけで、値段が数百万円も異なることがあります。条件や種類が「まったく同じ」ものが存在しないため、相場観を身につけるのは簡単なことではありません。加えて、安さだけに飛びついたら手抜き工事だったというのもよくある話です。

一生に一度の買い物だからこそ、マイホームはより安く、より良いものを手に入れたいと考えるのは当然のことです。しかし、他のものと同様、安かろう悪かろうという定義も当てはまります。そのような中で、どうやったら高いコストパフォーマンスでマイホームを購入することができるのでしょうか？

それは、『金持ち父さん貧乏父さん』（筑摩書房）で有名な投資家の**ロバート・キヨサキ**が答えを出しています。

キヨサキ氏については、各所で紹介されていますので、お金の本を複数読まれた方は、「またその話か」と辟易されるかもしれません。実は筆者自身も、各所で耳にするキヨサキ氏の話を苦手としていたタイプです。

しかし、著書『金持ち父さん貧乏父さん』の内容自体は、**購入資産を生かして新たな資産を増やす工夫を勧めたもの**であり、私たちが何も考えず資産をただ置いておく、もしくは眠らせている現状に一石を投じるものとなっています。

特に、**お金について考えることは、頭の「適度な運動」**だとしている点に筆者は共感しました。

さて、マイホームは通常、あるいは常識的に、資産として捉えるのが一般的です。しかしキヨサキは、固定資産税や火災保険料などによって「お金を吸いとっていく」ものとして、「負債」と考えるべきだと主張しています。会計学などをきちんと学んだ人からすると違和感のある主張かもしれませんが、言わんとすることの一部は理解できるはずです。

そもそも、**マイホームの問題は、コストを生むだけで何も収益を発生させない**という点にあります。ローンを返し終わっても、何も儲かることがありません。何千万円、人によっては何億円ものお金を使っているのにもかかわらず……。大雑把なことを言えば、**マイホームを買うこと自体が、コストパフォーマンスの悪い選択**ということにもなります。

では、本来コストパフォーマンスの低いはずのマイホームで得をするためにはどうしたらよいのでしょうか？　その方法として、キヨサキが主張するように、**マイホームに「資産を増やすための投資」の機能を付加させる**ことが挙げられます。

つまり、自宅を建築するのであれば、単なる2階建ての専用住宅ではなく、1階をテナントとして貸し出し、2階・3階に住むという形式で、賃貸併用住宅にしてしまうのです。

この形式でマイホームを所有した場合、住宅ローンを返し終わった後でも賃料収入で資産を増やしていくことが可能となります。何より、不動産賃貸事業という、一般的に変動金利で融資を受けるはずのものに、住宅ローンのお得な低金利・固定金利を活用することが可能となるのです。

もちろん、建物全体が大きくなるので、建築費用全体も高くなってしまいます。しかし、賃料収入を得ることができれば、膨らんだローン返済を相殺することができますし、さらに専用住宅だけのケースよりも実質的なキャッシュアウト（支払い負担）が小さくなることが期待できます。

マイホームは、人生で最も長く付き合うことになる資産です。だからこそ、上手に活用することができれば、その効果も長く続くことになります。単にイニシャルコスト（初期費用）だけに注目していると、手抜き工事の物件を掴まされてしまうリスクも高くなってしまいます。

逆に、前述のように賃貸部分を抱き合わせることで、木造から軽量鉄骨へ建物の耐震性をアップさせることも考えられます。

長く付き合う資産だからこそ、長い目で見て購入プランを検討したいものです。

マイホームを目標に

ありきたりの表現のように思われるかもしれませんが、**目標がハッキリしている人としていない人では、その結果に開きが出てしまいます。**当然、ハッキリしている人の方が有利です。

買いたい家の価格から逆算して頭金の金額を把握する、そして粛々と頭金を貯める。将来のリフォーム予定日、予算を決め、リフォームに向けてお金を貯める。このように目標期日と金額が明確になっていれば、必然的に動き出すモチベーションが生まれます。

言い方を変えれば、今すぐに家を買えない（リフォームできない）という状況がマズいということを、視覚的に認識することが大切なのです。「時間がかかるなぁ」「自分には無理かもなぁ」と思われるものほど、曖昧なままにしておきたいのが人情です。

どうせ買えないと思うマンションのチラシも、しっかり眺めておきたいものです。何度も目にしておくことで、使いやすい間取り、住みよい環境をチラシ情報からイメージできる力が身につくはずです。

【第4章のまとめ】

●今こそ家を買いたい

・「マイホームを買いたい」という思いが単なる欲望なのであれば、今はまだ買う時期ではない

・自分や家族の生活状況を考えて、「マイホームが必要」と考えるのであれば、買ってもよい

●住宅にかかる費用を抑えたい

・住居費などの生活費を効率よく減らすためには、親との同居を検討すべきだ

●頭金を貯めたい

・家を買うために頭金を貯めようと思うのであれば、「お金を稼ぐ&頭金を貯める↓仕事の範囲」「頭金以外のお金を使う↓プライベートの範囲」と頭金

をセクションチェンジさせることが必要

●安くて良い家を買いたい

・マイホームの問題は、コストを生むだけで何も収益を発生させないこと
・マイホームを買うこと自体が、コストパフォーマンスの悪い選択ということを理解し、マイホームに「資産を増やすための投資」の機能を付加させるべき

著者のオススメ本

『ウィニング 勝利の経営』

ジャック・ウェルチ、スージー・ウェルチ 著／日本経済新聞社

GEを時価総額・世界ナンバー1の企業に育て上げ、「20世紀最高の経営者」と呼ばれるジャック・ウェルチが、ビジネスで成功するためのノウハウを解説。企業買収、会社経営についてだけではなく、社会人としての処世術も示されている。

『人を動かす』

D・カーネギー 著／創元社

コミュニケーション能力を高めるための具体的な方策がふんだんに記されている。マイホームが幸せな家庭生活を送るための一つの手段であることを勘案すると、付録の「幸福な家庭をつくる七原則」は特に参考としたい。

第5章

子どもはかわいいが、教育費が悩ましい

教育費を抑えられるものなら抑えたい

今、子どもが生まれてから大学を卒業するまでにかかる教育費用は1000万円前後だと言われています。とはいえ、幼稚園から大学まですべて私立の学校へ通うと2000万円前後にまで膨らみますし、飲食などの養育費用まで含めると、さらにもう500万円くらいは上乗せされる計算になります。

高校無償化などによって、教育費負担を軽減する政策も打ち出されていますが、年間12万円弱の補助では、まだ焼け石に水程度のレベルです。

また、子どもが生まれれば、その面倒を見なくてはなりません。子どもの風邪によって残業を断らざるを得ない状況が発生するなど、教育・養育が収入を減少させる要因になっているとも考えられます。

そのような機会損失まで勘案すると、**子ども一人当たり4000万〜5000万円程度の費用がかかっている**とも言えるでしょう。これらの費用負担を避けて、子どもを作らないことを選択するDINKs（Double Income No Kids）という生き方を選ぶ人がいることも理解できます。

しかし、これまでも述べてきたとおり、子どもは私たちの将来を支える存在です。教育費の負担をケチってしまうと、自分たちの老後生活が苦しくなってしまうリスクが高まるかもしれません。普段、みなさんが「子どものため」と思って考えている教育ですが、「自分たちのため」という視点でも少し考えてみましょう。

さて、教育費の大切さについては、**小泉純一郎**元首相が有名にした「米百俵の精神」に答えが出ています。


米百俵の精神とは、戊辰戦争後に財政がひっ迫していた長岡藩（現・新潟県）に関するエピソードです。長岡藩の窮状を案じた支藩の三根山藩から送り届けられた米百俵を食料にせず、長岡藩の武士、**小林虎三郎**が金に換えて教育費としたという話です。お米は食べてしまえば無くなってしまうのに対し、教育の効果は将来にわたって続くと考え、教材の購入や学校の建設費用にあてたそうです。

食料としてもらったものを勝手にお金に換えてしまうのは、キャバクラ嬢がお客のプレゼントを質屋に入れるように思えて、若干失礼に感じる部分もありますが、**手に入れた資産を現在の費用とせず、将来の収入に換えた点で有効な資産活用法だった**と考えられます。

教育には多額の資金と時間を要します。私たちの人生が一回しかないことを考えると、子どもを作り育てることに有意性を感じない人もいるかもしれません。しかし、長い老後を考えると、子どもがいることの価値は相当に高くなります。

１００歳以上の人口が５万人以上いると言われる時代です。現在の平均寿命が80歳前後といっても、私たちが１００歳前後まで生きることも十分に想定できます。私たちが１００歳のとき、自分の子どもたちは60歳から70歳前後となっているはずで、まさに老老介護と呼ばれる事態も考えられます。

このとき、70歳前後の子どもたちが年金だけで暮らしているようでは、私たちの面倒を見ることなど不可能でしょう。あるいは、子どもの子どもである孫の収入によって、私たちの生活の面倒を見てもらうことだってありえるかもしれません。

加えて、日本経済の縮小が不安視されて久しくなりますが、**歴史的に国家が衰退し**

ていくときほど格差が拡大する傾向があります。そのため、私たち以上に子どもや孫の世代はさらに収入格差が広がり、優秀に育った子どもたちは努力の成果を効率よく発揮しやすくなるとも考えられます。

最近は明治維新と現代をリンクして語られる機会が多くなっていますが、時代の転換期だからこそ、教育の重要性が高まっているのです。米百俵の精神を小泉元首相がとりあげたのも、決して偶然ではないでしょう。藩や県ではなく家庭のレベルでも、教育に投資する効果は乗数的に発揮されるものと期待されます。

よって、**教育費に関しては「できるだけ節約」するのではなく、「積極的に投資」した方が効果的**でしょう。

どうすれば効率的に教育費を使えるの？

ただし、際限なく教育費を負担していると、大学進学前に家計が息切れしてしまう不安もあります。高校まで有名な私立の学校へ通ったものの、資金が底をついて大学進学を諦める事態となったら、まさに本末転倒です。

そこで必要となるのが、教育費の長期的なシミュレーションです。**大学の卒業をゴールとし、そこまでにかかる費用を時系列で把握しておく**のです。

子どもが生まれたばかり、あるいは小学生の段階で、学資保険に加入して資金準備を行っている人もいますが、実は具体的にシミュレーションをしている人はほとんどいません。**入学金や塾の費用を場当たり的に捻出し、なんとか家計をやりくりしている人の方が主流派**です。

しかし、必要な費用を準備できなかったことが原因で、高校生のころに受験勉強の費用を十分に負担できず、第一志望の大学を落ちてしまうことだけは避けたいものです。もちろん、将来的にシミュレーション以上の授業料に値上げされてしまうことも考えられますが、**教育費のトータル金額だけではなく、タイムテーブルも把握しておきたい**ものです。

単純に**教育費を安く済ませるのであれば、幼稚園から大学まですべてを国公立に通**

わせることが考えられます。しかしこれはあくまでも「学費」の面です。**教育費には、このほかにも習い事や部活動の費用も含まれます。**

例えば、日本舞踊のように稽古や発表会で何十万円もの費用が発生する習い事もあります。少年野球にしても、地元の野球好きが教えてくれる安いチームであれ、合宿・遠征費用の負担が発生したり、子どものつきそいで有給休暇を消化することなどが考えられます。コーチへお礼を差し上げるといった習慣もあるかもしれません。

一つひとつは小さな負担でも、習い事が長く続けばトータルでは大きな負担になります。かといって、何も趣味のない人間では、将来履歴書の「趣味・特技」欄に書くことが無くなり、就職対策で困ることになるかもしれません。学問以外の能力も伸ばしてあげたいものです。

なお、筆者の家庭では2人の子どもにピアノを習わせています。もちろん、ある程度の支出を要しますが、カワイやヤマハといったフランチャイズの音楽教室ではなく、個人の先生が開いた小さな教室で習っています。小さいというと語弊があり、習い始めた当初は数十人だった生徒数が、今では80人規模に膨らんでしまうほど評判のよい大きな教室になってしまいました。それでも、フランチャイズではないため、有名音楽教室よりも格段に安い価格で教えてもらっています。

このようなコストパフォーマンスの高い教室を見つけてきたのが筆者の妻です。ママ友のネットワークで紹介してもらったようです。

雑誌に載っていたり、大きな看板を掲げているようなところでは、当然のことながら、広告費やフランチャイズ料の分だけ指導料が高くなってしまいます。

一方、あまり知られていない個人の教室では、安くても講師のスキルが低くて、うまく学ぶことができないといったケースもあるようです。それらを勘案すると、ママ友のネットワークのおかげで、我が子は運よくコストパフォーマンスの高い指導を仰ぐことができたと言えます。

子どもたちの教育費を抑えるためには、まず親である私たちが教育環境の情報を手に入れ、その上で将来に求められる子どもの能力、そして能力を得るために必要となる資金を把握しておくことが大切です。米百俵の資金で作られた長岡藩の学校からは、東京大学の総長や海軍の元帥など、多数の優秀な人材が輩出されたそうです。

私たちの資金を有効に活用すれば、子どもたちは家族の生活だけではなく日本を支える人材に育ってくれるかもしれません。

名門校・有名大学に入れたい

受験のゴールは大学です。もちろん、大学卒業後に大学院へ行く人もいるでしょうが、大学受験が人生の岐路であることを否定する人はいないでしょう。

その意味で、「高校はどこでもいい」とおっしゃる人もいます。確かに、最終学歴の大学が最重要視されることは間違いありませんが、高校を軽視してしまうのは早計です。**新卒採用においては、多くの人事担当者が出身高校まで確認している**からです。同じような大学で履歴書が並んでしまえば、経歴欄で大学の上に登場する高校くらいしか見比べるところがありません。

大企業の人事担当ともなれば、「お金持ちの集まるお嬢様学校」や「伝統的にスパルタ式の教育を行う高校」などの情報を有しています。良くも悪くも、卒業生は各学校のイメージを背負って、書類審査を受けることになります。

かといって、イメージ通りの人材になる必要はありません。実際の面接でイメージと異なっていたという程度で、入社を断ってしまうケースなどほとんどないでしょうから。

ただ、大企業の書類審査の際に不利になってしまうのが「どこの高校なのかよく分からない」といったケースです。人事担当者は履歴書から人物像をイメージして合否を判定します。もちろん、所有資格や趣味・特技欄も見て判断するはずですが、判断材料の一つが「よく分からない」というのは不利に働きます。

就職だけがすべてではありませんが、中学受験や高校受験においても、ある程度大学の先を見据えてクリアしていきたいものです。受験する学校を選ぶ際には、歴史のある伝統校かあるいは無名であっても、数年後に著しく伸びて有名になるような学校を中心に探してみましょう。

しかし、有名校や伸びる学校を見つけることができても、子ども自身に学力が備わっていなければ、入学させることができません。そこで、どうすれば名門と呼ばれるような有名中学・有名高校・一流大学に合格できるようになるまで、子どもが勉強するモチベーションを高めることができるのでしょうか？

それは、19世紀に英国で活躍した医師で作家の**サミュエル・スマイルズ**が答えを出しています。

スマイルズは著書『自助論』の中で次のように述べています。

「いかに貧しく取るに足りない人間であろうと、その人が日々の生活で無言のうちに示す模範的な行動はかけがえのない価値を持つ」

この一文を応用すると、勉強することの模範を親である私たち自身が見せることが、子どものモチベーションアップに大きな価値を持つと考えられます。つまり、**子どもに勉強させたい、机に向かわせたいと思うのであれば、まず私たち自身が机に向かい勉強することが近道**となるのです。

学生時代に苦労して、社会人になってまで勉強したいとは思わないかもしれません。

しかし、目の前にいる親が勉強終了モードになっている中で、子どもだけは「猛勉強モードになれ」と言う方が酷というものです。よって、内容が資格取得でも英会話でも何であれ、まずは親自身が学ぶ姿を見せ、学ぶことの意義を示すことが必要です。

医者の子どもに優秀な人が多いのも、単に血統的な理由だけではなく、日々医学書などによって研究している姿を見せていることが要因として考えられます。


なお、受験については「年々かんたんになっている」(『新・受験勉強入門 合格テクニック編』和田秀樹 著)という現実があります。その理由としては、単純ではありますが「ガリガリ勉強する人が減っている」(同)ことが挙げられます。

つまり、私たち自身が受験生だったころに比べると、子どもたちは楽に受験勉強をすることができると考えられます。中学受験に関しても、少子高齢化にもかかわらず私立中学の設置数が増え、加えて公立高校の中高一貫化などによって間口が広がっています。

もちろん、難関校と呼ばれる学校に入るためには、それなりにハードな受験勉強が必要となりますが、私たちが体験もしくは見聞してきた時代に比べると、着実にその

私立中学校数の推移

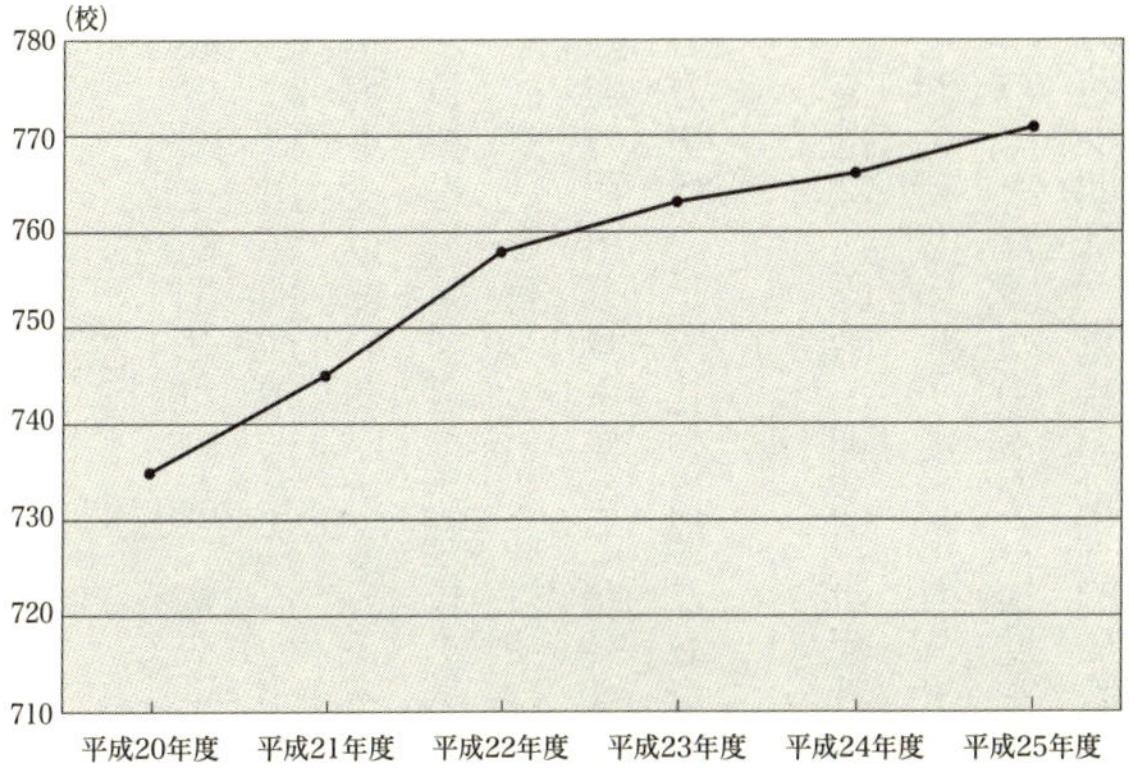

出典：文部科学省「学校基本調査」（平成25年度）

ハードルが下がっていると考えられます。難関校も決して高嶺の花ではないのです。

良い学校へ入れば、模範となる先生や模範となる先輩がたくさんいることでしょう。しかし、そのような他人をあてにするのではなく、まずは**私たち自身が模範を示すことができなければ、子どもが新たな模範を手に入れるチャンスも失うことになる**のではないでしょうか。

高い受験の費用を安くしたい

受験で頭を悩ませるのが、塾や予備校の費用です。年間の授業料の他にも、夏期講習などの費用が別途請求されるのが一般的です。中には、予備校に通いながら家庭教師の指導も受けている学生もいるそうです。

費用負担を抑えすぎて志望校を落ちてしまうことは避けたいものの、かといってふんだんに資金を有しているわけではないのが一般的です。では、どうすれば効率よく受験勉強の費用を減らすことができるのでしょうか。

その方法は、千円札の肖像にもなっている**野口英世**が答えを出しています。

野口英世は、医師・細菌の研究者として知られていますが、そもそも医者になれるようなお金持ちの息子ではありませんでした。しかし、医師の下にころがり込んで医学を学び、また多くの人から援助を受けて医師免許を取得するに至りました。

彼の幼少期は、母親が献身的に教育していたようです。火傷によって左手が不自由だったため、肉体労働ではなく頭脳労働でお金を稼げる人物に育てたいと母親は考えていたそうです。

野口やその母親を参考にすると、まず**「家族が勉強を教える」ことが金銭面で現実的**であり、また知識の土台を作る上でも有効であると考えられます。特に会社員の人であれば、おおむね子どもと休日が重なりやすくなっています。小学生や中学生のように、一人で勉強するのが難しい時期においては、一緒に勉強をサポートしてあげたいものです。

ちょっといやらしいかもしれませんが、献身的に子どもに教えてあげることで、親に対する感謝の気持ちを育むこともできるはずです。経営者の方であれば、休日も働いているという状態かもしれませんが、平日の夜など疲れている時間であっても少しは子どものために使ってあげたいものです。

ところで、筆者はファイナンシャルプランナーの仕事として、様々な高校にてセミナー・講演をさせていただいています。その際、偏差値に比例して見られる高校の傾向があります。

それが、PTAです。

PTA総会の前後にお話しする機会が多いのですが、

・偏差値の高い学校＝PTA総会の参加者が多い
・偏差値の低い学校＝PTA総会の参加者が少ない

という関係性が見られるのです。また、偏差値の低い学校でもPTA総会にたくさんの人が集まっているケースもあるのですが、そのような学校ほど、数年後には大きく進学実績を伸ばし、偏差値も高くなる傾向があります。親の関心度と子どもの学力には比例関係が見られます。

つまり、受験勉強を学校や予備校に任せるだけで、親が無関心・無関与でいる子どもほど、学力が伸びにくいと考えられるのです。

日ごろの労働で疲れ、子どものことまで手が回らないと言い訳せず、積極的に子どもの教育に参加したいものです。

筆者自身も、子どもたちが通う小学校でＰＴＡ副会長をしています。ＰＴＡという存在自体に疑問を呈する人もいますが、通常であればほとんど会うことのない学校の先生たちと、いつでも触れ合うことができるのがＰＴＡです。

学校は、仕組みとして社会と隔絶されている面があり、いじめなど、なかなか表面に出てこない問題もあります。これらの情報を知る上でも、ＰＴＡは有効なツールです。子どもたちが多くの時間を過ごすことになる学校の教育を、私たちの力で充実させることも、有効な「教育費負担」となるはずです。

金銭面よりも時間的な面で負担が重くなる教育費になりますが、学校イベントへの協力など、親としてできることを考えてみましょう。

さて、将来大きくかかると予想される予備校や塾の費用に関しても、**幼少期の教育をしっかり行っておくことで、その金額を減らすことも可能**となります。

それが予備校の特待生制度です。ある大手予備校では、成績優秀者の授業料のうち

40万円を免除にし、さらに各講習の授業料も10万円免除するなどの制度があるそうです。また、小規模の塾においても授業料を減免する制度を有するところがあります。早い段階で成績を伸ばしておくことで、学校以外の費用を抑えることも可能になるのです。野口英世にしても、幼少のころから優秀な能力を認められていたからこそ、様々な人から援助を受けることができたと言えます。

教育費の負担を減らす上では、大器晩成と悠長に教育するよりも、先手を打って早めに能力を高めておくことが有効と考えられます。

大学の費用負担を減らしたい

現在、私立大学（文系）に通った際にかかる費用が500万円前後と言われています。理系であればもっと高くかかりますし、安いと言われる国立大学にしても、300万円前後の出費は覚悟しておいた方がよいでしょう。

多くの人が私立大学に入学する現実を考えれば、大学にかかる費用は突出しています。この4年間をどのようにしてやり過ごすかということが、私たちのライフプランに大きな影響を与えます。

大学進学の資金を減らすことに関しては、「原子物理学の父」と呼ばれるニュージーランド出身の英国の物理学者、**アーネスト・ラザフォード**が答えを出しています。

ラザフォードは元素の人工変換など、数々の発見・功績を残し、ノーベル化学賞も受賞しています。

ラザフォードはニュージーランドの高校も大学も、どちらも無料で卒業しています。つまり、奨学金を受けて学歴を重ねることに成功しているのです。もちろん、学力などの審査を受けてのものですが、お金が無くても進学できることを証明してくれたとも言えます。もしラザフォードが学生時代を怠惰に過ごしていたら、放射線の研究が何年も遅れていたかもしれません。**学ぶことを安く済ませるためには、もっと学ぶことが必要**であることを示してくれています。

ただし、無料で大学へ通うといった給付型の奨学金は、どの大学でも狭き門となっています。進学資金の準備が間に合わなかった場合、現実的には、在学中に借りて卒業後に返す貸与型の奨学金も検討することになるでしょう。

貸与型の奨学金としては、「日本学生支援機構」の活用が一番の近道になります。日本学生支援機構とは、かつて日本育英会と呼ばれていた組織で、公的な進学支援制度を行う独立行政法人です。

金利負担の無い「第一種奨学金」と、金利負担のある「第二種奨学金」の二つがありますが、第二種奨学金であれば、応募したほとんどの学生に貸与されていると言っても過言ではないほど、選考枠が広がっています。とはいえ、**貸与型の奨学金はあくまでも借金であるため、家族全体では「教育費負担を減らした」と言うことができません。**教育費負担を「先送りした」だけと言った方が正しいでしょう。

しかし、**給付型の奨学金は大学や各種の財団ごとに高いハードルが設定されています。**一般的に、高い学力を有していなければ、このような奨学金を得ることはできません。そのため、子どもの負担が増えてしまうと感じるかもしれません。とはいえ、進学資金が不足しているのであれば、「どうせ子どもは負担を強いられる」ことに気づくべきでしょう。

①将来、貸与型の奨学金を返し続ける負担
②今、給付型の奨学金（または授業料免除）を受けるために勉強を頑張る負担

結局のところ、この二者択一の問題に答えるだけとなります。どちらの負担が、子どもの将来にとって有効でしょうか？　筆者であれば②を選択します。「授業料を免除されて大学を卒業した」というのは、履歴書に書けるくらいのアピールポイントです。①よりも②の選択の方が、明らかに子どもの収入増にも役立つと思われます。

いずれにせよ、受験する学校の奨学金制度や授業料などについて、あらかじめ調べておくことが大切です。東京大学のように、親の給与収入が４００万円以下であれば授業料を免除するといった大学もあります。お金に関しては事前の確認が大切です。

また、昨今は有名私立大学が全国各地に入試会場を設けるケースも増えており、そのような情報を手に入れておけば、旅費・交通費を節約することも可能となります。他にも、受験料に割引制度を導入している大学もあり、またそのような割引の条件にオープンキャンパスへの参加を挙げているところもあります。進学資金の節約には、早めの情報収集と行動が必要になるのです。

加えて、入試の成績上位者の授業料を免除するといった大学も増えています。「合格するために勉強する人」と「授業料免除を目指して勉強する人」では、明らかに後者の方が合格率も高まるはずです。子どものモチベーションを上げるためにも、給付型の奨学金や授業料免除を目指すように話し合ってみてはいかがでしょうか。

実は、進学資金の負担を減らすことほど簡単な話はないのです。単に「子どもが勉強を頑張ればよい」だけの話ですから。**世の中に勉強しないで損をしている人はたくさんいますが、勉強を頑張って損をした人を、筆者は見たことがありません。**

勉強を頑張れば国公立の安い授業料で学ぶことができ、あるいは私立大学でも授業料免除を受け、そして将来は高い収入の仕事に就くことができます。人生を最も楽にしてオトクにする手段が「勉強」であることを、ぜひ私たちの子どもに伝えていきたいものです。

今、子どもを作るタイミングなのか悩んでいる

昨今はできちゃった結婚があたり前になりつつあります。芸能人の結婚のニュースでは必ず、「妊娠○カ月」「妊娠はまだしていない」というオマケ情報がついてくるくらいです。もはや、結婚と妊娠の順番を気にする方が時代遅れなのかもしれません。

しかし、妊娠が先んじた場合、その後の話がこじれてシングルマザーとなってしまうケースも考えられます。そうなると、子どもの将来を案じて産むことをためらうようになるかもしれません。

そのような悩みに関しては、「ハリー・ポッター」シリーズの作者である**J・K・ローリング**が答えを出しています。

ローリングは子どもを産んでまもなく夫と離婚し、シングルマザーになりました。うつ病になったり生活保護を受けて暮らすなど、離婚後の生活は大変だったようです。しかし、その間に執筆したハリー・ポッターが大ヒットし、その後は再婚、さらに2人の子どもに恵まれました。

一人で子どもを産むことに不安を感じる人もいるかもしれません。しかし、**日本でも出産育児一時金制度により42万円を受け取ることができます**。生活保護をはじめ、母子家庭を支援する制度もあります。

子どもを産むことに不安を感じるかもしれませんが、当面の生活を維持できるように制度が整備されているのです。その間に、J・K・ローリングのようにアイデアや能力を蓄えておけば、十二分に子どもを育てるためのお金を用意することができるはずです。

もちろん、シングルマザーだけではなく、夫婦でも子どもを産むことに不安を感じることがあるかもしれません。その際にも、育児休業給付金や出産手当金など、様々な支援策が用意されています。ただし、これらは、勤続年数などの条件が整わないと活用できないものです。**不安であれば、なおさらこれらの仕組みについて確認しておくことが必要**です。

教育はお買い得商品

安いものは悪い、高いものは良いというのが一般的な商品です。ところが、大学の教育費だけは、良いものほど安くなっています。

周知のとおり、私立大学より国公立大学の方が授業料は安くなっています。一流私大と呼ばれる大学もありますが、東大ではなくても国公立大学は一目置かれる存在です。また、私立大学同士で比べてみても、偏差値の高い大学ほど授業料が安くなる傾向があります。

学歴社会の日本においては、学歴の高さが将来の収入に影響を与える現実があることは周知のとおりです。子どもの生涯収入のことを考えれば、教育のコストパフォーマンスは無限大とも考えられます。

【第5章のまとめ】

●教育費を抑えられるものなら抑えたい

・教育費に関しては「できるだけ節約」するのではなく、「積極的に投資」した方が効果的

●効率的に教育費を使うには？

・大学の卒業をゴールとし、そこまでにかかる費用を時系列で把握しておく

●名門校・有名大学に入れたい

・子どもに勉強させたい、机に向かわせたいと思うのであれば、まず私たち自身が模範を示すことが必要

●高い受験の費用を安くしたい

・「家族が勉強を教える」ことが金銭面で現実的な解決策

・幼少期の教育をしっかり行うことで、将来の負担を減らすことが可能

●大学の費用負担を減らしたい

・給付型の奨学金は大学や各種の財団ごとに高いハードルが設定されている。「将来、貸与型の奨学金を返し続ける負担」と「今、給付型の奨学金（または授業料免除）を受けるために勉強を頑張る負担」の二者択一

●今、子どもを作るタイミングなのか悩んでいる

・日本でも出産育児一時金制度により42万円を受け取ることができる

・不安であれば、なおさら出産についての制度を確認しておくことが必要

著者のオススメ本

『自助論』

サミュエル・スマイルズ 著／三笠書房

日本では『西国立志編』として紹介され、福澤諭吉の『学問のすゝめ』と並んで読まれた。世界的名著で明治の大ベストセラー。本書はその現代語訳版である。なお、節約に関しても「自助の精神の最高表現」と記されている。

『正伝　野口英世』

北篤 著／毎日新聞社

野口英世に関しては、小学生のころにある程度学んで以来、実はよく覚えていないという人も多いはず。大人になってから読んでみると、学費援助を得る際のエピソードなど、人間味溢れる一面が多々見られる。もう一度学びなおしてみたい人物である。

第6章

介護費用や老後のお金が心配

退職金をできるだけ多くもらいたい

退職金や企業年金は、私たちの老後生活を支える大切な仕組みです。派遣社員や契約社員の人には無い収入なので、正社員の特権と言っても過言ではありません。

しかし、**退職金などを取り巻く環境は決して良好ではありません。**企業年金制度の「適格退職年金制度」は廃止され、厚生年金基金の運用はうまくいかず、運用会社に騙されるＡＩＪ事件が起こったことなども記憶に新しいところです。

このように、世間を騒がすような年金詐欺事件が起こったり、様々な制度改正が行われているにもかかわらず、多くの会社員の人たちは退職金などに対する意識が低いままです。「会社がなんとかしてくれるだろう」「定年退職のときに考えればいいや」そんなふうに思っている人も多いはずです。

そもそも、みなさんは会社の就業規則にある退職金規程を読んだことがあるでしょうか？　せいぜい、「そういえば、中途退職すると3割カットされるんだっけなぁ」と

マイナビ新書

注文カード

書店名

部数　　部

売上カード

マイナビ

すべての「お金」の悩みには
すでに誰かが答えを出している

小山信康　著

BBBN4-8399-5083-0 C0233 ¥850E

毎度ありがとうございます。このカードを月別にまとめてお送りください。新刊配本など、販売計画の資料にさせていただきます。

定価: 本体850円 +税

注文月日

帳合

いった程度の知識のはずです。

等級が一つ変わっただけで、退職金が何十万円も変わってしまうこともあります。もちろん、今すぐどうにかできる代物ではありませんが、自分が将来受け取れるはずの資産である以上、会社の退職金制度などについて調べておくことは大切です。

また、退職金に対する税制も、意外とシンプルに設計されているにもかかわらず、その仕組みを知る人は少数派です。筆者も各企業で退職金などに関するセミナーを行っていますが、その仕組みを説明すると、「初めて知った」というリアクションをする人がほとんどです。

また、意外と重要なのに知られていないことが、退職金の受け取り方によって税金の計算方法が異なることです。人によっては、退職金を一括で受け取るのではなく、分割で受け取った方が得になるケースもあります。きっと、多くの方が「もらうときに考えればいいや」という意識なのでしょうが、早い段階で制度を知って対策を練っておかないと、思わぬところで損をするかもしれません。

退職金を上手にもらうための答えは、徳川幕府最後の将軍、**徳川慶喜**が出しています。

周知のとおり、慶喜が徳川幕府に終止符を打ちました。しかし、慶喜は喜んで政権を投げ出したわけではありません。幕府が衰退していく中で、時代に翻弄されながら、順番的に幕をおろすハメになったとも言えます。

ところで、歴代の将軍が、慶喜のように大政奉還に応じることができたのでしょうか？「最後の一人になっても戦う!!」と、四面楚歌になっても戦い続けたかもしれません。

慶喜はそこまで往生際の悪いことはせず、政治的に無理と判断して政権の座から降りることを決断しました。その結果、一時的に蟄居の身になるなどの紆余曲折はありましたが、静岡で平和に暮らし、最後は江戸（東京）に戻ることができました。

将軍職を降りてからは、写真や各種研究などの趣味に没頭していたそうです。明治維新の動乱からは想像できないほど「余生を楽しんでいた」と言ってしまうと、子孫の方々に怒られてしまうでしょうか？　慶喜のように、老後の生活を楽しむための資産を維持しておく、会社員であれば老後資金の土台（退職金）をしっかり整えておくためにも、**「辞めるタイミングをしっかり見極める」**ことが必要なのです。

実は、筆者の知り合い（以下、Aさんとします）で退職金の受け取りに失敗した方がいます。Aさんは大手都市銀行の役員を務めたのですが、**役員まで上りつめてしまったがゆえに、退職金が相対的に少なくなってしまった**のです。

もしAさんが役員とならず、部長職にとどまっていた場合、その後の銀行合併などによってリストラの対象となっていたそうです。

その時にすんなりとリストラに応じた人たちには特別退職金が上乗せされ、当初の予定以上に多額の退職金を受け取ることができたそうです。

一方、Aさんは役員に昇格した際に、定額の退職金を受け取ったのみです。また、役員としては2年で満期となってしまい、合併により平取締役だったAさんは即、御役御免。役員としての退職金も微々たるものだったそうです。

一般的に、出世をすると退職金額のベースがアップします。しかし、タイミングによっては、出世を待たずに特別退職金を受け取った方が得になるケースもあるのです。

ガムシャラに出世を続けることが、すべて収入増につながるとは限りません。

慶喜のように、引き際をうまく見極めることが、私たちの老後生活の充実度を決定するともいえるでしょう。

年金をできるだけ多くもらいたい

日本の年金制度については、様々な噂が飛び交っています。現在65歳となっている**受給開始年齢が「75歳に引き上げられるのでは？」といった勘違い情報が出回った**ことも記憶に新しいところです（実際は、受給開始を75歳に遅らせることも選択できるようにする、という制度を政府が検討しただけ）。

「どうせ年金なんて大してもらえない」と諦めたようなことを口にしておきながら、内心では年金の行く末に多くの人が興味津々なのです。

私たちが年金制度に頼る理由に関しては、ドイツ近代化の祖で、鉄血宰相とも呼ばれる**ビスマルク**が答えを出しています。

ビスマルクはドイツ統一を成し遂げる中で、ドイツの社会保障制度も整備していきました。その一つが1889年の「老齢・疾病保険法」制定であり、世界で最初の公的年金制度と言われています。

ビスマルクは、国民が老後に年金を受け取るようになれば、社会への満足度が高まり、結果として扱いやすい国民になると考えたそうです。また、保険料を受け取ってから年金の支給をするまでにタイムラグがあるため、この間を利用して「保険料を戦費として活用しようと考えた」とする説もあります。

つまり、うがった見方をすれば、**年金制度というのは、私たちの生活を守るためではなく、私たちが国家に従うよう仕向けるために誕生した**のです。

実際、年金制度の改正や未納問題などが政治に大きな影響を与えたことがありました。選挙のある年は物価が下がっても年金が減らされない一方、大型選挙が無かった今年（平成26年）は、年金支給額が減らされています。

加えて、私たちの年金保険料の一部が、所轄官庁のテニスコートやマッサージ器に消費されてしまった過去があります。にもかかわらず、公的年金によって老後の生活を賄っていこうと考えてしまうのは、政府の思惑にハマってしまっているとも考えられます。

公的年金に頼って暮らす
←
公的年金が無くなったら生きていけない
←
でも、仕事が無くて暇だから選挙には行く
←
大幅に制度が変わって年金が減ると困るから現状維持を望む
←
政治体制の安定

よって、私たちの幸せな生活を第一に考えるのであれば、**今の会社を退職した後も公的年金に頼らずに生きていけるだけの収入力を身につけておくことが必要**なのです。

現在、65歳から年金を受け取ることが可能となっていますが、受給を見送っても支出を賄えるだけの収入源、つまり仕事を確保しておくべきです。しかも日本では、60代のうちに年金に頼らない方が、結果として年金の受取総額が増える仕組みになっているのです。

それが「繰り下げ支給」という仕組みです。国民年金や厚生年金の裁定請求（年金額を計算して受給を開始すること）を66歳以降に先延ばしすると、1カ月当たり0・7％ずつ増額され、それが一生続くのです。もし、70歳まで先延ばししたとすると、42％（＝0・7％×60カ月）もの増額になります。

もちろん、この場合は65歳から70歳までの5年間は年金をとりっぱぐれることになるので、早く亡くなってしまうと損をしてしまいます。健康に自信の無い方は繰り下げ支給を行わない方がよいかもしれません。しかし、82歳以上に長生きする予定の人であれば、当初の5年間分を取り戻して余りある年金を受け取り続けることになります。

現在、男性の平均寿命は80歳弱ですが、この平均の中には交通事故などにより早世されてしまう方も含まれています。そのようなハプニングを除いて考えれば、私たちもゆうに82歳を超えて長生きすることも可能と考えられます。また、女性の平均寿命が86歳以上であることを考えると、女性はなおさら繰り下げ支給が有利であると考えられます。

そこで、夫婦二人で老後のライフプランを考えるのであれば、収入が無くなった時点で夫が公的年金を受け取り家計を支え、妻の年金受給はギリギリまで我慢し、できるだけ70歳まで先延ばしする、という方法も考えられます。

「もし早く死んで、年金をとりっぱぐれたら損だ」と思われるかもしれません。

しかし、そもそも**年金は保険制度**です。ご存じのとおり、保険は「儲ける」ためではなく、いざという時に「備える」ための仕組みです。つまり、損してあたり前の制度なのです。年金によって生活することを想定するのではなく、収入が途絶えてしまったときの「備え」として活用しましょう。

ビスマルクが公的年金制度を作ってからまだ130年も経っていません。そんな歴史の浅い制度を頼りにして生きていく方が難しいのです。

熟年離婚はしたくない

昨今何かと話題となっているのが熟年離婚です。実際、年代別の離婚率を比べてみると、若年世代よりも熟年世代の離婚率の高まりが強くなっています。

かつては、制度的に熟年女性が離婚を決断したくてもできない面がありました。例えば、専業主婦を続けてきた人が離婚した場合、基礎年金のみの受給となってしまい、老後の生活費が少なくなってしまいました。しかし、厚生年金の離婚分割の制度ができたことによって、専業主婦の方々も今後はさらに離婚を決断しやすくなるとも考えられます。

ところで、なぜ筆者をはじめとする男性側は、熟年離婚を恐れてしまうのでしょう

夫妻の同居をやめたときの59歳までの年齢（5歳階級）別にみた離婚率（有配偶人口千対、同年別居）の年次推移 -昭和25～平成17年-

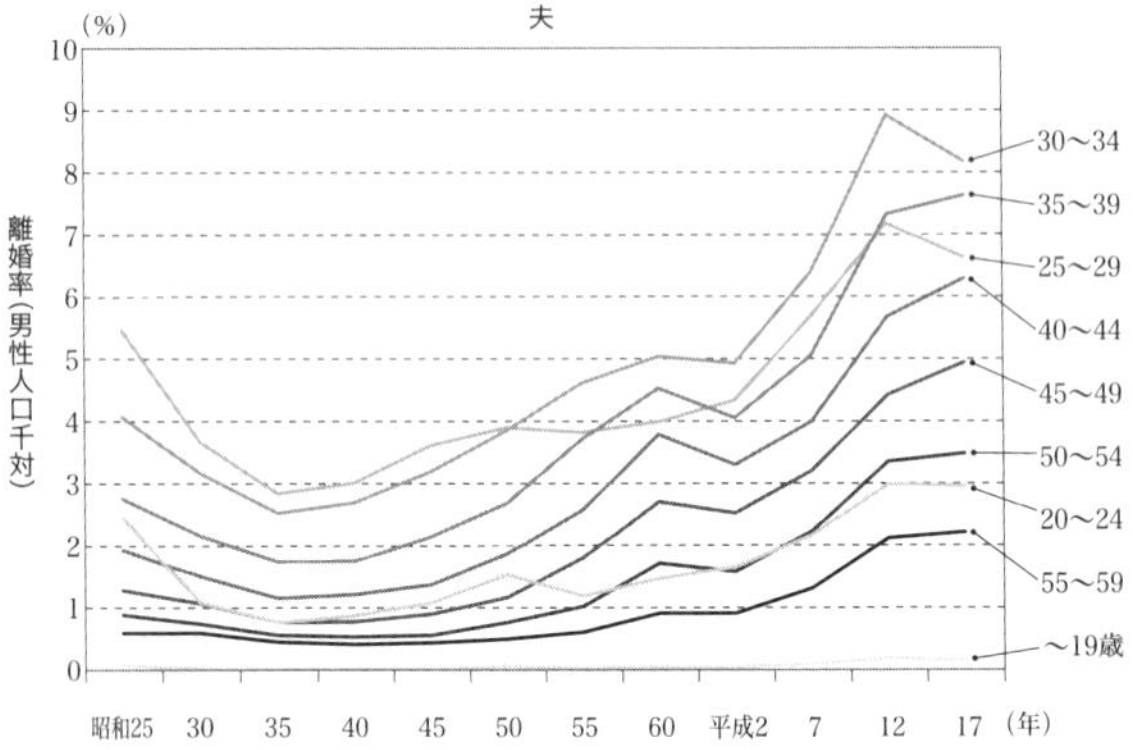

注：19歳以下の離婚率算出に用いた人口は15～19歳の人口である。

出典：厚生労働省「平成21年度離婚に関する統計」

か？　その答えはユダヤ人が出しています。

ユダヤ教の知恵を結集した書物『タルムード』に「何かに依存しているすべての愛は、もしそのものが無に帰したとき、愛も破綻する」という言葉があります。

若い時には、子育てや収入・生活の面で、夫婦はお互いに依存している関係になります。しかし、子どもが独立すれば教育の依存関係が終了します。そして、収入面では、公的年金は夫婦それぞれに支払われるので、依存関係が弱くなります。その一方で、生活関連では男性が女性への依存度が高まる傾向が強くなります。

つまり、老後は男性側の一方的な依存による夫婦関係となり、それまでバランスが取れていた依存関係が大きく傾くことになってしまうのです。そのため、女性にとって夫という存在が、依存されるだけの重荷にしかならないと感じられてしまいます。

結果として、熟年離婚を決断する人が増え、その情報を持った私たちの不安はますます強まることとなります。これは決してわがままなのではなく、女性の本能と言えるのかもしれません。

以前、ある人からカマキリの夫婦関係を教わりました。カマキリの雄は交尾が終わると雌に食べられてしまうそうです。つまり、子どもたちの栄養分になるんですね。それに比べれば、人間の雄はまだマシだと……。

確かに、そのとおりかもしれません。熟年離婚をされても、殺されてしまうわけではありません。

しかし、このまま熟年離婚が増え続け、社会のトレンドとなってしまうと、夫婦を前提とした私たちのライフプランも大幅に見直さざるを得なくなってしまいます。よって熟年離婚は、私たちを精神的にも金銭的にも追い詰める結果を招いてしまうのです。そこで、私たち男性が熟年離婚されずに生き残っていくためには、二つの能力を維持していくことが必要となります。

①依存していると感じさせないための健康
②栄養を与え続けることができると予想させるための収入

要は簡単な話で、私たちが**魅力的で一緒にいたい存在であり続ければいいだけ**のことです。「熟年離婚されたら若くて新しい妻と結婚するだけだから、いいよ」と強気でいられるだけの活力・財力があれば、熟年離婚が妻の頭をよぎることさえないでしょう。

女性の立場で考えれば、熟年離婚したいと思うのは本能的にあたり前のことであり、倫理的に疑問符を投げかけてくる人がいるかもしれませんが、自分のセカンドライフを充実させる選択肢の一つであることに間違いありません。幸せな老後を得るために役立つパートナーと一緒に過ごすのか、それとも自分の力で切り開いていくのか、あえて悪い言い方をすれば自己中心的に考えることも必要でしょう。

親の介護に不安を抱きたくない

現在は五体満足でも、年を取れば身体のどこかが悪くなります。元気なままポックリと死にたいと誰もが思うのでしょうが、現実的には誰かの世話になりながら風呂やトイレに向かう未来がやってきます。

私たちが介護が必要な状態となったときのために、今からどのような準備ができるでしょうか？　また要介護状態となった後、私たちはどのように生きていけばよいのでしょうか？

その答えは、車椅子社長として有名になった経営者の**春山満**が出しています。

春山社長は20代のころに進行性筋ジストロフィーになり、全身が動かない状態となってしまいました。しかし、頭はバッチリと動く状態。その頭をフル回転して介護機器を開発する会社で大成功されました。

残念ながら今年2月に60歳で亡くなられてしまいましたが、**春山社長が介護をボランティアからビジネスにステップアップさせた**と言っても過言ではありません。

春山社長は、自身が介護を必要とする身であったからこそ、介護サービスを受ける人の立場に立って商品を開発することができました。顧客の視点に立つのはビジネスの基本ですが、なかなか実践できるものではありません。その意味で、使い古された言葉ではありますが、春山社長は障害のハンディというピンチをビジネスのチャンスに変えたとも言えます。

全身が動かないのですから、そのまま黙って介護を受け続けて生きるという選択肢もあったことでしょう。しかし、真に生きていくために、そして生きがいを得ていくために、唯一動く頭を使い続けることを選択したものと思われます。

また、家族を自分の介護に縛るのではなく、一人ひとりの人生を歩ませていくためにも、春山社長自身がお金を稼ぎ続けるという執念を失わなかったのかもしれません。

要介護状態にも様々なケースがあり、私たちが認知症となり、自分の意思で行動をコントロールできない状態となるかもしれません。しかし、身体的な要介護状態であれば、脳みそを動かすことが可能です。パソコンが発達した現代であれば、目の動きだけでもワープロ入力することができます。文章の一つや二つ書くことも不可能ではありません。

誰かの助けは必要になるでしょうが、私たちが春山社長のような有名社長にまで至らなくても、お金を稼ぎ続けることはできるはずです。単に「諦めて寝ているか？」「残りの人生を精一杯生きるか？」を選択するだけに過ぎません。

高齢化が深刻化する日本において、将来は要介護状態も多数派を占める生き方になっているかもしれません。私たちが要介護状態となるのは、多数派になって考えることができるチャンスでもあります。チャンスと思えば、介護されることも決して怖くありません。

また、遠い未来よりも近い将来の問題として、「親の介護」に不安を覚える人もいることでしょう。やっと子どもの教育が終わったのに、もしくは子どもの教育が続いているのに、親の面倒を見ることになれば、ますます私たちの生活も大変になります。

しかし、それこそ私たちのチャンスなのかもしれません。**仕事・教育・介護をこなす中で、限られた時間を有効活用するスキルを身につけることができる**かもしれないからです。政治家の舛添要一のように、親の介護をきっかけとして厚生労働大臣や東京都知事を務めるようになるケースもあります。もちろん、大臣になるというのは大げさですが、**自分自身の介護も親の介護も、チャンスに変えることができます**。

春山社長も自身の著書で「**宿命に抗わず『運命』を掴む**」と記しています。介護を含む、私たちを待ち受ける数々の宿命を嘆き後ろ向きに生きるのか、それとも宿命を受け入れて前向きに生きるのか、気持ちを切り替えるだけでも介護に対する姿勢が変わってくるはずです。

そもそも、介護保険制度が整備された日本において、基本的な介護費用の負担は1割です。**金銭的な問題は、一般的な人がイメージしている負担よりも軽くなっていま**

す。「高額医療・高額介護合算療養費」という制度によって、介護・医療にかかる負担額に実質的な上限が設けられています。

介護に対する不安がどうしても拭えないという人は、これらの**制度を確認し、実際にどの程度の支出が予想されるのか、具体的にシミュレーションをしてみる**とよいでしょう。

親の財産をできるだけ多く相続したい

自分の収入によってのみ生きていくのが理想ですが、現実的についい頼りたくなってしまうのが親の財産です。円満にかつできるだけ多くの財産を譲り受けたいと思う人もいることでしょう。

では、どうすれば親の財産をスムーズに相続することができるのでしょうか？ その答えは俳人の**小林一茶**が出しています。

ふるさとや　よるもさはるも　茨《ばら》の花

一茶は、継母との折り合いが悪かったため、14歳にして故郷の信濃国から江戸へ奉公に出されます。その後全国を旅して俳人としての名声を得ます。もちろん、食うに困ることも無くなっていたのですが、父の死をきっかけとして継母との間で相続問題が発生します。お互いの言い分は次のようなものです。

一茶「父親は、幼かったオレを江戸に出したことを悪いと思い、財産を半分譲ると言っていた」

継母「ずっと家にいないで全国を遊びまわり、お金に困っているわけでもないのに、遺産をもらおうなんて強欲な息子だ」

きっと、周囲の農家の人たちは継母を支持していたのでしょう。都会から戻ってきてインテリぶっている一茶を疎ましく思ったのかもしれません。その情景を表しているのが前出の俳句です。簡単に言えば、「故郷の連中はみんな、バラのようにとげとげしい」という心情でしょう。

一茶と継母の相続争いは12年にも及んだそうです。結果として一茶は半分の遺産を手に入れ、継母が亡くなった晩年は故郷で暮らしたそうです。

しかし、不幸にも一茶の子どもたちはみな早世してしまったそうです。3人目の妻との間にできた娘がやっと無事に育つことができましたが、一茶自身はその子が生まれる前に亡くなっています。また、火事によって家を失う災難にも遭っています。

これらの不幸が、相続争いと明確な関係性があるのかと問われれば、その証拠を示すことはできません。

しかし、相続で揉めると親戚との関係が悪化し、場合によっては一茶のように隣近所の評判まで落としてしまうこともあります。**相続によって財産を得ることが、結果として自分の人生を豊かにするとは限らない**のです。

一茶のケースで考えれば、故郷に帰らず江戸で俳人を続けていた方が幸せだったとも考えられます。**親の財産をあてにするよりも、自分で築いてきた財産や実績をベー**

スに生き続けた方が、人生はスムーズに流れるとも思われます。

私たちが有する**相続権という権利を、制限いっぱいに主張しない方がよいケースもある**のです。

なお、他の兄妹よりも多くの遺産を受け取りたいという人は、今のうちから精一杯親孝行をして、遺言書に自分の受け取り分が多くなるように書いてもらうしかないでしょう。

ただその場合でも、遺留分によって、他の人たちの相続分がある程度保証されているため、財産の分配においてもある程度の妥協は必要になります。

また、両親が体調を崩し、精神的に弱った状態で書かれた遺言書が裁判で否認されるといったケースもあります。遺言書は元気なうちに書いてもらいましょう。加えて、「自筆証書遺言」は無料で作れるため人気がありますが、記載方法などに不備があって否認されてしまうこともあります。費用が発生するものの、確実性を高めるために「公正証書遺言」を作成してもらった方がよいでしょう。

できるだけ相続税を払いたくない

平成27年より相続税制度が改正されます。本書は税金の本ではないので、細かい仕組みの記述を省略しますが、これまで4%程度の人しか相続税の申告対象ではなかったものが、今回の改正により10%以上の人が申告対象になると言われています。

つまり、これまでは相続税と縁の無かった一般家庭においても、相続税なんて関係ないとは言えない制度に変わってしまうのです。

兄弟で財産を分け合うだけならまだしも、国に財産を持っていかれるのはシャクにさわるという人もいることでしょう。それでは、どうすれば相続税を減らすことができるでしょうか?

その答えは、消費者金融の武富士(現・株式会社日本保証)の創業者たちが出しています。消費者金融は過払い訴訟などによって悪いイメージがあるため、あまり参考にしたくないかもしれません。しかし、相続に関しては良い意味でも悪い意味でも参考になるのです。

武富士の創業者たちは資産を海外に移し、また自分たちの住所も海外に移すことで、日本の贈与税を回避しました。贈与税は相続税の補完税なので、実質的に相続税を免れたことになります。

当初、国税局からの訴追を受けて追徴課税をされていましたが、最高裁で逆転勝訴したことでそれらの決定が取り消され、還付加算金で400億円も儲かったと言われています。

彼らは法の網をかいくぐっただけ、と悪く言ってしまえばそれまでですが、**被相続人（子どもたちに財産を譲る人）が生きているうちに、相続税を減らすための明確な行動を取っていたことは参考にすべき**でしょう。

税理士や弁護士を含め各種の専門家とも相談したのでしょうが、高額になると予想される相続税を減らすため、早い段階から海外に住むなど、まさに用意周到という言葉がピッタリ当てはまる相続税回避術です。

ただし、武富士の裁判をきっかけとして相続税法が改正されたので、今まったく同じことをやっても相続税を回避することはできません。

とはいえ、**相続時精算課税制度や教育資金贈与信託など、合法的に相続税を減らすことができる仕組み**があり、他にも**被相続人が生きているからこそ利用できる節税方法がたくさんある**のです。相続税対策は早く始めるほどに効果が高くなる特性もあります。

それでも、被相続人の立場からすれば、自分の財産を子どもに譲った後に、身一つで取り残されてしまう不安や、あるいは多額の財産を得た子どもたちが人生を狂わせてしまうのではと心配することもあるでしょう。

そこで、親に早々の相続税対策を促すのであれば、私たち子どもの世代が、「この子たちなら大丈夫」と安心できる姿を見せることが必要です。そう考えると、親の世代が相続税対策をしてくれないのは、私たちがまだ一人前でないことの裏返しなのかもしれません。

武富士のように明確な相続税対策を行うためにも、私たち自身が明確な実績を親に見せることが必要となるのでしょう。

相続で一番大切なこと

私たちが親から受け継ぐ財産はお金や不動産だけではありません。**親が築いてきた人脈や良好な親戚関係も財産**です。お金や不動産にばかり目がいってしまうと、それらの目に見えない財産を失ってしまうかもしれません。

「あそこの家族は遺産で揉めている」

という評判が立ってしまえば、せっかく親や自分が高めてきた信用も失墜してしまいます。

親が亡くなった後も私たちの人生は長く続きます。相続の問題に関しても長期的な視点で解決を図っていきたいものです。

【第6章のまとめ】

●**退職金をできるだけ多くもらいたい**

・会社を辞めるタイミングをしっかり見極めることが必要

●**年金をできるだけ多くもらいたい**

・そもそも年金は保険制度で損してあたり前の制度

・定年退職した後も公的年金に頼らずに生きていけるだけの収入力を身につけておくことが必要

●**熟年離婚はしたくない**

・パートナーにとって魅力的で一緒にいたい存在であり続ければいい

●**親の介護に不安を抱きたくない**

・仕事、教育、介護をこなす中で、限られた時間を有効活用するスキルを身に

つけることができる。自分自身の介護も親の介護も、チャンスに変えることができる

・介護に関する金銭的な問題は、一般的な人がイメージしている負担よりも軽くなっている。不安が拭えない人は、介護制度を確認し、実際にどの程度の支出が予想されるのか、具体的にシミュレーションをしてみよう

●親の財産をできるだけ多く相続したい

・親の財産をあてにするよりも、自分で築いてきた財産や実績をベースに生き続けた方が、人生はスムーズに流れる

・相続権という権利を、制限いっぱいに主張しない方がよいケースもある

●できるだけ相続税を払いたくない

・被相続人（子どもたちに財産を譲る人）が生きているうちに、相続税を減らすための明確な行動を取る。被相続人が生きているからこそ利用できる節税方法がたくさんある

著者のオススメ本

『僕はそれでも生き抜いた』

春山 満 著／実業之日本社

障害を負いながら、その中で自分のできること、生き方を示した自伝的エッセイ。春山社長が負っていたものには障害だけではなく多額の借金もあったが、絶望の縁から蘇り事業を成功させる。妻とのエピソードなど、涙なしには読むことができない。

おわりに

私たちの周りに「お金で悩んでいる人は少ない」ように見えます。まるで自分だけが悩んでいるかのようです。しかし、誰もがお金のことで悩んでいて、それを誰にも話せずにいます。話せない人ばかりだから、誰も悩んでいないように勘違いしてしまいます。

馬券が当たって喜んでいる人も、お金持ちで優雅に暮らしているように見える人も、実はみんなお金の悩みを抱えています。本書で見てきたとおり、多岐にわたるお金の悩みがある以上、みんな何かしらの悩みに引っかかっているのです。

今後、共通してわき上がると予想される悩みとして、物価の上昇が挙げられます。ガソリン価格を筆頭に、様々なモノの値段が上がっています。平成27年の10月には、消費税の再増税も予定されています。

厚生年金保険料率の引き上げなど、引き続き会社員の財布を苦しめる状況もあります。お金の悩みから完全解放される日がずっと遠のいていく思いになってしまうかもしれません。

それでも、先人たちから受け継いだ解決策を一つひとつこなしていけば、私たちもお金の悩みから解放されます。単に、「あぁ、そういうことね」と眺めるだけではなく、ぜひ解決策を実践してみてください。

マイナビ新書で以前『貯金のできる人できない人』を出版したころから、筆者は一貫して「**お金の悩みはダイエットと共通している**」と考えています。

ちょうど本書を執筆しながらダイエットを実践してきたのですが、太っていることに悩み「ダイエットをする」と意識して以来、食事や運動など、様々な行動に対する意識が高まりました。

同様に、お金について悩んだり考えたりすることは、よりお金を上手に貯めたり増やしたりするための、必要な第一歩と考えられます。つまり、今悩んでいること自体、解決に向けて動き出すきっかけを手に入れたと捉えることができるのです。筆者がやせるチャンスを得たように、みなさんもお金の悩みから解放され、さらにステップアップするチャンスを掴んでください。

筆者自身にも、これから多くの悩みが到来する予定です。実は最近、個人事業主から会社経営者に変わったので、会社のお金も管理しなくてはなりません。小学生の子どもたちは受験をひかえています。今は元気な両親もいつかは要介護状態になるかもしれません。老後の準備もそろそろ考えなくてはなりません。

しかし、これらの**悩みを解決することが、すなわち生きるということ**であると考えています。「お金が人生のすべて」と言えば悪い表現に思えてしまいますが、「お金の問題解決こそ人生のすべて」と考えれば、様々な困難も人生というゲームの中のイベントに思えてきます。

筆者はこれからも、悩みを楽しみに変えて生きていくつもりです。みなさんもぜひ、人生というゲームを前向きに楽しんでみてください。

参考文献

『資本主義と自由』ミルトン・フリードマン 著／日経BP社
『教科書には載っていない！　幕末の大誤解』熊谷充晃 著／彩図社
『渋沢栄一　日本を創った実業人』東京商工会議所 編／講談社
『部下を定時に帰す仕事術～「最短距離」で「成果」を出すリーダーの知恵～』
佐々木常夫 著／WAVE出版
『人生を創る言葉』渡部昇一 著／致知出版社
『サラリーマンの9割は税金を取り戻せる』大村大次郎著／中公新書ラクレ
『人生がもっと豊かになる「お金」の格言1000』別冊宝島編集部 編／宝島社
『あらゆる領収書は経費で落とせる』大村大次郎 著／中公新書ラクレ新書
『カルロス・ゴーン経営を語る』
カルロス・ゴーン、フィリップ・リエス 著／日本経済新聞社
『私の財産告白』本多静六 著／実業之日本社文庫

『貯金のできる人できない人〜無理なく貯金体質になる方法』
小山信康 著／マイナビ新書
『グラッサー博士の選択理論―幸せな人間関係を築くために』
ウイリアム・グラッサー 著、柿谷正期 訳／アチーブメント出版
『そして日本経済が世界の希望になる』
ポール・クルーグマン 著、山形浩生 監修、大野和基 訳／ＰＨＰ新書
『定年名人　伊能忠敬の生き方―定年が待ち遠しくなる本』金井誠之 著／ごま書房
『これからこうなる日本経済、世界経済　「通貨の近現代史」で読み解く！』
『天才投資家「お金と人生」の名語録』桑原晃弥 著／ＰＨＰ研究所
榊原英資 著／日本文芸社
『ウィニング　勝利の経営』
ジャック・ウェルチ、スージー・ウェルチ 著、斎藤聖美 訳／日本経済新聞社
『自助論』サミュエル・スマイルズ 著、竹内均 訳／三笠書房
『ポートフォリオ選択論―効率的な分散投資法』

ハリー・マーコビッツ 著／東洋経済新報社
『カーネギー名言集　新装版』
デール・カーネギー、ドロシー・カーネギー 著、神島康 訳／創元社
『金持ち父さん貧乏父さん』
ロバート・キヨサキ、シャロン・レクター 著、白根美保子 訳／筑摩書房
『国を興すは教育にあり―小林虎三郎と「米百俵」』松本健一 著／麗沢大学出版会
『新・受験勉強入門　合格テクニック編―最新の心理学に基づく科学的受験テクニック』
和田秀樹 著／ブックマン社
『正伝　野口英世』北篤 著／毎日新聞社
『徳川慶喜とその時代』相澤邦衛 著／文芸社
『ユダヤの格言 ~知られざる教典「タルムード」の教え~』
竹中充生 著、市川裕 監修／マイナビ新書
『僕はそれでも生き抜いた』春山満 著／実業之日本社
『ひねくれ一茶』田辺聖子 著／講談社文庫

●著者プロフィール

小山信康（こやま・のぶやす）

FP事務所フライフ・アレンジメント代表。CFP、FP技能士1級、1級企業年金総合プランナー（DCプランナー）、教育資金アドバイザー。独立系FPとして、相続から奨学金まで幅広く相談に応じ、講演活動も行っている。2014年4月、公認会計士・税理士と共に総合コンサルティング会社を設立。主な著書に『貯金のできる人できない人』『やってはいけない節約』（マイナビ新書）、『投資は、投資信託だけでいい』（彩図社）、『お金持ちは2度「カネ」を生かす！』（経済界）他多数。

マイナビ新書

すべての「お金」の悩みには
すでに誰かが答えを出している

2014年7月31日　初版第1刷発行

著　者　小山信康
発行者　中川信行
発行所　株式会社マイナビ
〒100-0003 東京都千代田区一ツ橋1-1-1 パレスサイドビル
TEL 048-485-2383（注文専用ダイヤル）
TEL 03-6267-4477（販売部）
TEL 03-6267-4444（編集部）
E-Mail pc-books@mynavi.jp（質問用）
URL http://book.mynavi.jp/

装幀　アピア・ツウ
印刷・製本　図書印刷株式会社

ISBN978-4-8399-5083-5
Printed in Japan